直しながら住む家

小川奈緒

写真　安彦幸枝

PIE INTERNATIONAL

はじめに

東京と千葉の間を流れる川のそばの、縁側がある古い家に住んで10年になります。

インテリアを工夫することは昔から大好きだったけれど、運命を感じて購入したこの家は、これまで住んだ経験のない純和風の家。築年数の経った中古住宅なので、見知らぬ誰かの好みによって建てられた家です。そんな一筋縄ではいかない相手を、リノベーションや簡単なDIY、家具や日用品などのもの選びによって、少しずつ少しずつ、自分らしい家へと育ててきました。今では家のすみずみまでが愛しく、ここはまぎれもなくわたしの家だと感じられるようになりましたが、それでもまだ、もっとよくなる気がして、「直しながら住む」日々は進行中です。

ところで「リフォーム」と「リノベーション」の違いを知っていますか？　どちらも「古くなったり傷んだりしたものの修復」という点は共通ですが、目指すゴールが違います。リフォームが「新品だったころの状態に戻す」のに対して、リノベーションは「元通りではなく、さらに新しい価値としてつくり変える」という意味合い。実はわたしも最近までちゃんとわかっていなくて、数年前まで自分の家づくりの話に「リフォーム」という言葉を使っていました。でも今になってみると、うちの場合は「リノベーション」だといえます。家の持ち味は生かしつつ、「元に戻す」よりむしろ「どう変えるか」をつねに意識してきたのですから。

この本には、今わたしが知っている、リノベーションで古い家を自分らしくつくり変えるためのヒントをすべて詰め込みました。

PART 1は、自分の家探しの思い出に始まり、家を選んだ視点、その家をどうつくり変えたか、どんなプロに助けてもらったか、何を変えずに残したか、家に

よって暮らしはどう変わったか……実際の経験と変化をエッセイに書きました。

PART 2は、最初のリノベーションで（予算の都合で）やり残していた部分を、ハーフセルフリノベーション（＝プロに指導してもらいながらのDIY）でつくり変えたプロセスの記録。部屋ごとのビフォーアフターを見ながら「素人でもここまでできる」という希望や勇気を感じてもらえる内容になっていると思います。

PART 3では、魅力的なリノベーションを行った友人の家づくりのストーリーを紹介します。その家ごとにドラマがあって、それぞれ素敵で、取材をしながら、やっぱり家っておもしろいなぁと、あらためて気づかされました。

合間に、わたしの家を構成する大事な要素やアイテムについての思い入れを語ったり、巻末では、リノベーションを成功させるためのコツや心がけをプロに教えてもらったり、他にも気になるお金のことや工事期間のこと、役立ったサービスや選んだパーツなど、できるだけ実用的な情報を集めました。

・近い将来、あるいは、いつかわからないけれど家のリノベーションの計画がある人。
・自分の家を今よりもっとよくして、もっと好きになりたいと思っている人。
・DIYに興味がある人。
・インテリアや家のことを考えるのが好きな人。

入り口がどこであっても、この本のなかに何らかの気づきやきっかけを見つけてもらえることを願いながらつくりました。

この本を通じて、自分の手で家をつくっていくおもしろさと、「自分の家が好き」とまっすぐに思えるしあわせを、たくさんの人とわかちあえますように。

目次

PART 1
はじめての家づくり

郊外の中古物件を直して住む、という選択。
その舞台となる家と出会い、リノベーションして
少しずつ築いていく自分らしい暮らし。

古い家に見た未来

　ずしりと重い門扉を開け、小石を埋め込んだ石段を上る。年季の入った縁側と、向き合うように広がる庭。「もしかして、とうとう出会った？」と心の声が聞こえた。心臓の鼓動が速まり、ぞわ、と鳥肌が立った。

　それは２月のこと。庭の東西に植えられた２本の梅の木は、紅梅も白梅も咲きごろ。粉雪までちらつき、これ以上のぞめないほどの演出効果だった。

　購入する家を、早い段階で中古住宅にしぼったのは、予算が限られていたことと、わたしも夫も古いものが好きだから。

　とくに夫と結婚して娘が２歳になるまで暮らした借家は、お互いがそれまで住んだなかでもいちばん古い、築35年の一軒家だった。

　その家との出会いによって、わたしたちは自らの家の好みをはっきり知ってしまった。なにしろ、まだ結婚の話も出ていなかったのに、冷やかしで見たその家にどうしても住みたくなって、籍を入れる話が急展開したほどなのだ。

　借家とはいえ、それほど気に入った家に暮らしながら、次の家を探すのは難しかった。子育てのためにわたしの実家のそばに引っ越すという理由はあっても、あの家を超える家でなければ買う意味なんてない、と思ってしまう。

　本格的に物件探しをはじめて、約２か月の間に下見をした家は、20軒を超えた。同じ築年数30年程度の家を、いくつも見て回るなかで感じたのは、家の古び方はそれぞれ、まったく違うということ。素人なのでよい悪いではなく、ときめくかそうでないか、だけだ。一目惚れして住んでいた借家は「ときめく古さ」だったけれど、そんなタイプの古い家には、なかなか出会えない。

　とくに和風志向だったわけではなく、建築家が建てたらしいミニマルでモダンな家を見たときは「素敵」と思ったし（でも小さな子どもがいる家族向きではな

かった）、大手住宅メーカーの頑丈そうな家を見たときは「これは地震にも強そう」と感じた。けれど、ときめきはしなかった。

　だんだん疲れてきた。そもそも今住んでいる家以上に好きな家など、本当にあるのだろうかと、弱気にもなった。そんなとき目の前に現れたのが、縁側のあるこの家だった。

　築年数は当時で34年。でも、もっと古い年代の建物のような風情を感じた。住宅情報サイトで見た写真や図面ではあまり期待できなかったため、最初の下見はわたし一人で来たけれど、夫も気に入るだろうと確信できた。

　何よりその家の古さには、可能性が見えた。わたしたちが住み継ぐことで、より美しい古さへと育てていけるかもしれない、そんな未来を描ける古い家だった。

　売買契約の日に会った売り主の男性が、この家は彼の両親が50代のときに建てたことを教えてくれた。子どもたちが独立し、夫婦で余生を過ごすために建てた家なのだと。

　建て主は庭が好きで、縁側と庭にはとくに思い入れが深かったこと。しかしその主人が亡くなり、最後の２年間は80代の妻が一人で暮らしていたこと。２階建てが住みにくくなったからと、息子の家のそばの施設に入る決心をしてくれたことを、売却理由として聞かせてくれた。購入価格は、築34年という年数のために建物には値がつかず、土地代のみの2000万円台前半だった。

　子育てを終えた夫婦が終のすみかとして建て、静かに暮らし、高齢を理由に手放す家。それを、子育てがこれから本格的にはじまるわたしたち家族が、住み継ぐのだ。

　この家の古さを生かしながら、自分たちが暮らしやすいように直して住んでいこう、と決めた。

玄関まわりは、ほとんど直さずに住んでいる。「ガラガラッ」と心地よい音を立てて開く格子戸と、レトロな外灯は最初の下見のときから気に入った。一方、黒いタイルの三和土（たたき）は汚れが目立ち、モルタルに石が埋め込まれた「洗い出し」という仕上げのアプローチは、落ち葉の掃除に手こずる。そんな不満を年配の大工さんにもらすと、「どちらもいい材だから大切にしたほうがいい」と教えられた。そうなのか、と心をあらため、こまめに拭いたり掃いたりするようにしたら、手はかかっても、たしかにこの材だからこそ表現できる美しさがある、と思えてきた。

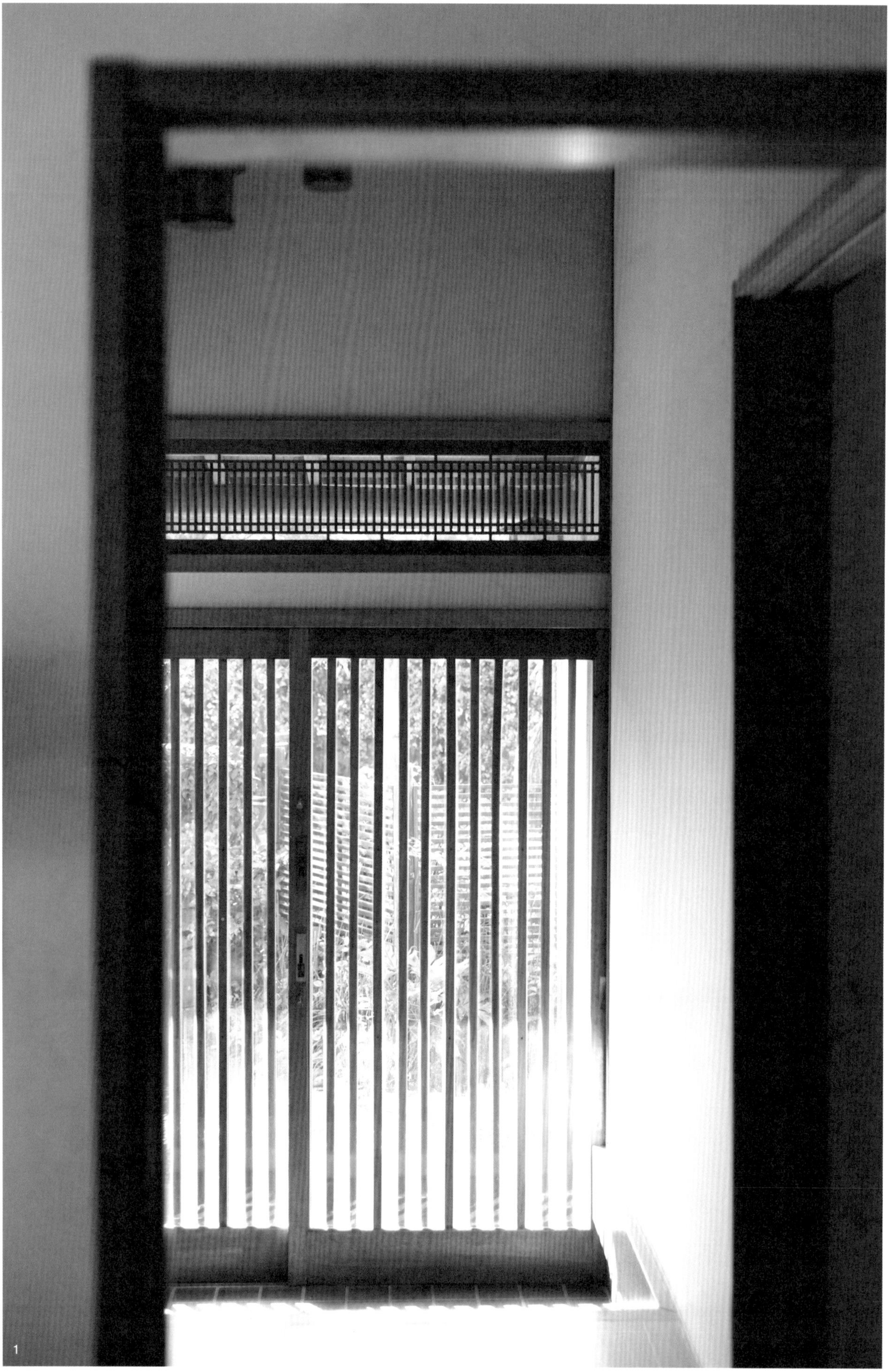
1

1. 書斎から見た玄関の眺め。格子戸がつくる細かな影も気に入っている。
2. 日暮れどき、縁側に明かりがつくと、きれいな夕焼けが窓に映る。外出先から帰ってきて、不意にこんな風景が目に飛び込んでくると、この家に暮らすしあわせを感じる。

家が暮らしを育てる

どれほど気に入ったとしても、中古住宅は、自分ではない他人が建てた家だ。

だから当然、自分の好みやこだわりに最初から100%合う家ではない。それでも「細かい改善点はあるけど、ここがすごく好き」というポイントがあれば、家と住人は少しずつ歩み寄り、やがて愛着や暮らしやすさを感じられる家に育てていけると思う。

この家は当初、とことん和風のつくりで、7つあった部屋はほとんどが和室。畳に襖、床の間もあり、おまけに玄関がやたらと広い田舎のおばあちゃんの家みたいだった（実際そうだったのだ）。

でもそんな家だからこそ、魅力的な縁側と庭もあったわけで、その純和風空間を、自分たちが暮らしやすいバランスに微調整することが、家の購入後の最初のリノベーションのテーマだった。

結果として、和モダンの住宅を得意とする建築家にリノベーションの設計をしていただいたことで、古さと懐かしさは残しながらも、わたしたちらしいと思える雰囲気の家に生まれ変わった。

この家に暮らして感じるのは、「人と暮らしは家に育てられる」ということだ。でもひょっとしたら、これは古い家や中古住宅ならではの特徴かもしれない。

たとえば、ここは見方によっては「掃除や庭仕事の手間がかかる家」だから、家事能力が鍛えられる。植物が身近なぶん、興味が増す。木造住宅の寒さに悩まされながらも健康への意識が高まる。近所に息抜きに出かける店がないなら、家の中でカフェのような時間を持ちたいと工夫をこらす。

もし新築で家を建てるなら、自分の性格やライフスタイルに合わせて家をつくるだろう。外へ出かけてや

る趣味の多い人は、わざわざ手入れの必要な広い庭をつくらなくていいし、寒がりの人は冷えない家づくりをすればいい。だから「家に育てられる」のは中古住宅に住む人の特権だと思うのだ。

とくに家で仕事をしていることで、家事と仕事を効率よく行う段取り力と集中力はどうしたって養われる。日々の時間割をつねに更新してきたし、この先も毎年のように見直すつもりでいる。

通勤時間はないものの、子どもが家に帰ってくれば、その瞬間から母親としての仕事にスイッチが切り替わる。そのため、執筆の始業と終業の時間を早めたい。掃除や洗濯やゴミ出しなど朝の家事には一定の時間がかかるから、起床は6時より前。そのためには早く寝る、するとお風呂も夕食も早くして……こんなリズムは、この家で家族が健やかにしあわせに暮らすためには、と試行錯誤するなかで形成されてきたものだ。

台所も、もっと日当たりがよかったらという願いは今もあるし、最初は広さをもてあました。

でも、この広さのおかげで、前の家で使っていた愛着のあるダイニングテーブルを、作業台と朝食用テーブルとして使い続けられる。仕事部屋と隣り合っているから、鍋を火にかけながらでも原稿を書くことができる。薄暗さをなんとかしたくて、窓枠や壁、勝手口のドアを明るい色でペイントするなどDIYにも意欲的になった。

最初は理想的ではない相手も、その個性をおもしろがる姿勢や、発想と工夫次第で、だんだん好きな相手に変えられる。そのことを、わたしたちはこの家に暮らしながら学んでいる。

1. 台所の奥に、わたしの書斎がある。引き戸が閉められることはめったになく、つねに仕事と家事をいったりきたりの生活。
2. 娘が学校から帰り、1歳の誕生日プレゼントだったトイピアノを奏でながらおしゃべりをはじめると、母親時間に切り替わる。
3, 4. 午前11時半ごろ、夫婦でコーヒーブレイクをとるのが日課。お茶菓子は自分で焼いた簡単なケーキやクッキーが多い。

1. 洗濯物を干すのは2階の廊下がサンルームがわりで、庭に物干し竿はない。シーツを洗う日だけ、庭木にロープを渡す。
2. コーヒーブレイクは縁側で。眺めてホッとできる庭は、自分でつくるしかない。
3. 書斎は東向きの4.5畳。造り付けの横長のデスクの、左半分がわたしの仕事用、右半分は娘の勉強用。窓から日が入る午前中は清々しい気持ちで書けるから、娘を見送った後はできるだけ早く仕事にとりかかりたい。

5月の緑

庭のベストシーズンは、なんといっても5月。芝生が生
え揃い、しだれ梅はたっぷりと葉が茂り、他の木々も一
年中でいちばんいきいきしている。縁側から眺めると、
フレッシュなグリーンが重なり合い、美しいグラデー
ションを描きながら奥へと続く。軽やかな緑色が、6月
に入った途端に一段濃いトーンへと変化するのが不思議。

季節の花たち

以前はもっと純和風の庭園で、灯籠があり、木もぎっしり植えられていた。芝生を敷くために少し間引いた後も、梅にはじまり、杏、ハナミズキ、紫陽花、サルスベリ、秋には紅葉、冬は寒椿と季節を通じてどこかしらで花が咲く。なかでも毎年鮮やかなのが紫陽花で、梅雨時の庭をしっとりとブルーに染める。

散水ホース

夏の水やりは朝夕2回。庭の真ん中に置く散水ホースは、緑になじみ、もちろん使い勝手もよいものを。そんな視点で愛用しているのが「toolbox」のホース。2万円超という価格も、見た目と品質を考えると納得できる。

つくばい

和の趣を演出するつくばい。ちろちろ、と水を流せば風情が増す。夫はなぜかここだけは掃除がマメで、毎朝杓子で水を汲み出し、新しい水に入れ替える。それが気持ちいいのか、野鳥が水浴びする姿をよく見かける。

犬走り

縁側と庭の間、ちょうど軒下にある通路が、犬走り。ここに鉢を置くと、
縁側からすぐ近くに緑を感じられる。散水ホースは娘には少し重いから、
ここにある鉢だけジョウロで水やりを頼むと、楽しそうにやってくれる。

熊手と竹箒

庭掃除に欠かせない2本の道具。自然素材だから、使い込んで壊れたらバラ
し、枝木や草葉類として処分する。そしてまたホームセンターで数百円
で買い直す。竹箒はショートタイプが断然使いやすいと個人的には思う。

雑草取りセット

芝生の間に生える雑草を抜くのは地道な
作業。草取り用フォークと、日よけの帽
子（IKEAのこれがなかなかいい）、腰か
け、夏は蚊取り線香が必需品。晴れた週
末、選曲センスのいいラジオを聴きなが
らやるのはいい気分転換になるし、きれ
いな眺めのごほうびも待っている。

鉢植えの楽しみ

園芸店で見つけた状態のいい植物を、好きな鉢に植えて、縁側のそばに置く。そこには、庭木を育てるのとはまた別の楽しみがある。また、鉢から庭に移したものが、元気に育ってくれるのもうれしい。庭にはいろんな喜びが潜んでいるのだ。

建築家との家づくり

この家の最初のリノベーションは、建築家の渡辺貞明さんに設計を依頼した。

家探しと並行して、リノベーションやリフォーム関連の本を何冊も見ていた。そのなかで「こんな家がいい」とピンときたのが、渡辺さん自らリノベーションを手がけられたというご自邸だった。

面識も、つてもない相手だったが、この家と出会って、まだ購入の申し込みをする前というタイミングで、本に載っていた渡辺さんのメールアドレスに「はじめまして」というメールを送った。

不動産の間取り図を添付し、この物件をリノベーションを前提に購入しようと考えていること、そこでこの家についてプロのご意見を仰ぎたいということを書いた。

数日のうちに、渡辺さんは神奈川から、千葉まで家を見に来てくれた。縁側と庭はこのまま残したいというわたしたちの意向に賛同しつつ、「他にも直さず使える部分はあるし、地盤改良と建物の構造補強の工事をしっかりやった方ほうがいいでしょう」とのこと。

まずは家の土台の部分を直し、安心して暮らせる家にする。もっともだけれど、そちらに予算がとられて室内のリノベーションでやれることが限られてしまう。それも承知で、堅実な提案をしてくれたことに、この方に設計をお願いしたいという気持ちがかたまった。

新築の設計でも和風建築を多く手がける渡辺さんが、最初の下見から気にしていたのが、縁側の軒の短さだった。建築のバランスとして不自然だから、本来の長さに伸ばすべきだと言う。

素人の考えでは、軒が短いと室内の日当たりがよくなっていい気もするのだけど、渡辺さんいわく「軒を伸ばすことで、雨が縁側に降り込んだり、木の窓枠が濡れて傷むことを防げる」「軒下の空間があると、室内から雨を少し離れて眺める心のゆとりが生まれる」「長い軒が夏の強い日差しをカットし、障子より内側のリビングやダイニングは涼しい。冬は日が低いから、室内まで日が差し込むだろう」ということだった。

正直、渡辺さんがこだわる和風建築の美意識には知識が追いつかず、そこはお任せすることにして、こちらは本や雑誌や建物見学をしたなかから、取り入れたいと思ったアイデアをスクラップし、積極的に伝えていった。

設計の打ち合わせで思い出深いのは、わたしも渡辺さんも照明が好きで、「ここにどんな照明を吊るしたいか」という話題になると、本題のリノベーションの話になかなか戻れないくらいに盛り上がってしまうことだった。

でも今思うと、照明からインテリアのイメージをふくらませていくやり方は、わたしたちに合っていた。お互い「和風の家に北欧の照明があるバランスが美しい」という価値観が似ていたから、ベースは和でも、床はフローリングで、そこに革のソファや海外製の椅子がなじむ、和洋の要素がほどよくミックスされた空間になった。

リビングとダイニングをゆるやかに仕切る箱型収納と、そこを丸太の柱が貫くという大胆な提案。部分的に木目の天井にして、しかも少し下げてアクセントにすること。床の間や収納が並んでいた西側の壁をつくり直し、横長の窓を設けて風通しをよくすること。他にも「こんなことは自分たちでは思いつかない」という提案をたくさんしていただいた。

軒を伸ばした意味も、住み始めるとすぐに腑に落ちた。はじめての家づくりを渡辺さんに引っ張っていただかなかったら、今こんなに快適に、家を愛しながら暮らせていないだろう。

2つ並んでいた和室を、約15畳のリビング
ダイニングにした。ダイニングテーブルと同
じ高さの横長の収納を造り付け、杉丸太の柱
を通して空間のアクセントにするのは、渡辺
さんからの提案。ラワン材を張って少し下げ
た天井も、「天井は高ければいいというもの
ではなく、ソファに座ったときちょうど心地
よく感じる高さに」という意図から。前のペー
ジの写真が、長さを足して伸ばした軒。

1. 元は塞がれていた西側の壁に新しく窓ができて、風通しのいいリビングになった。
2. 渡辺さんがリビングのデザインを提案してくれたときのスケッチ。
3. リビングの引き戸にひし形のガラスを埋め込むこと、ダイニングと台所の間に配膳窓（右ページ上の写真）をつくることは、わたしたちから希望を伝えた。
4、5. ショールームや文化財の建物、住宅の本からヒントを得るたびに、家づくりノートに構想を書き込んでいった。

6. 新婚時代に暮らした家は、何度か雑誌にも取材された。大好きな家だったが、わたしたちが引っ越して数年後に取り壊された。
7. 洋書や海外の住宅写真からインスピレーションをもらうことも多い。
8. エアコン隠しのルーバーは、以前の和室の収納扉を再利用したもの。
9. 家の間口は高さが1730mm程度で、身長180cmの夫が頭をぶつけてしまうため、頻繁に通る間口だけは高さを上げてもらった。よく見ると、柱に継ぎ目がある。

6

7

8

9

インテリアより大切なもの

最初のリノベーション工事が終わり、この家で暮らしはじめてから約10年。飽きっぽい性格のわりに、インテリアはほとんど変化していない。

収納は造作したものが多く、この家のために新しく迎えた家具は、ダイニングテーブルとダイニングチェア2脚。革のソファ。リビングとダイニングと玄関の照明。キリム。あとは前の家から運んできたものがおもしろいくらい各所におさまり、なじんでくれた。

その後に加わったのは、縁側の照明、キッチンのスツール、リラックスチェアなど。遊びに来た友人が気づくか気づかないかのマイナーチェンジだ。それでも家の居心地と、家が好きという気持ちはそのたびに増してきた。

この家は和風住宅ではあるけれど、いわゆる古民家と呼ばれる建造物ではない。だからインテリアは和にとらわれずに、かといって北欧風などのテーマやテイストにもこだわらずに、自分が好きなものだけを買い集めてきた。

部屋づくりを考えるときはいつも「自分が寛げて、心から満たされる空間にしたい」という思いがほとんどすべてだ。当然といえば当然だけど、他人から見ておしゃれなインテリアかどうかより、それが一番大切なことだと思っている。

もの選び、組み合わせ方、置く場所や向き。一つ一つに住人の性格やクセは出るもので、そんな人間味が感じられる部屋が魅力的だと思うし、自分の部屋もそうありたい。性格的に、散らかった部屋では寛げないことがわかっているから、できるだけ片付けやすく、掃除をしやすくしておきたいというのも、実はもの選びに大きく関わっているポイントかもしれない。

玄関から家に上がり、玄関ホールの左の入り口から15畳のリビングダイニングに入ると、最初に目に飛び込んでくるのは、キッチンとの境に立つ壁だ。ここは、イラストレーターの夫の作品を飾れるようにという建築家の渡辺さんの配慮で、釘を打ちやすいよう壁の内部に下地が入っている。

人物のイラストを中心に、色もサイズもバラバラの額をいくつも飾っていると、絵の中の人々が楽しそうにしゃべったり笑いあったりする表情が、部屋全体の空気をなごませる。

その壁の隣りには間口が2つ並び、それぞれキッチンとトイレにつながっている。キッチン側のほうは扉をつけずにカーテンで仕切っていて、その布はインテリアのひそかなアクセント役だ。

今はソファの後ろの大きな青い絵に合わせて、自作のパッチワークのカーテンを吊るしているけれど、夏は白い無地のリネンのカーテンを垂らすとぐっと涼しげな印象になる。

植物は、習慣として店で切り花を買って飾っていた時期もあったけれど、今は観葉植物をハンギングするのが好きだ。

飾った瞬間に部屋と気分を一瞬で明るくしてくれる花のパワーも大好きだけど、室内と庭をゆるやかにつなぐ、観葉植物の落ち着いた存在感もまた、いいものだ。花よりゆっくり時間をかけて付き合えるのも気楽だし、小さくとも土に根をはる生きものがあると、それだけで部屋の空気がいきいきすることを肌で感じる。

片づいていて、好きなものばかりがあって、暮らしの匂いや温度も感じられる部屋。いつも目指している空間を言葉にすると、きっとそういうことだと思う。

1. 壁の広い面には夫のイラストをランダムに並べている。青のパネルはp.35の大判の絵と同じ、川口佳子さんの作品。
2. 窓の外の緑をそのまま室内につなげるようなさりげなさが、観葉植物の魅力。
3. 青の絵に合わせて手づくりしたカーテン。小さな面積だから、インパクトのある色や柄で冒険するのも楽しい。
4. ハンギングすると緑の躍動感が強調されるうえに、掃除もしやすい。

1. 書斎の木の柄のカーテンはヴィンテージで、一人暮らし時代から家を引っ越すたびに、吊るす場所に合わせて自分で寸法を変えている。
2. 陶器製の壁掛け時計はドイツの「Peter」社のヴィンテージ。レトロな書体も色味も大好きで、壊れても修理に出しながら使い続けている。
3. 「マーガレット ハウエル」のごみ箱。家具や雑貨で黒を選ぶことが増えたのは、和の空間との相性の良さを感じるから。
4. キリムは外苑前の「グランピエ」で。
5. とくに縁側は、表面的なインテリアの視点ではあまり考えない場所。生活空間と庭の間に浮かぶ、細長い部屋。1日のうちで過ごす時間は30分にも満たないけれど、そのときできるだけパワーチャージしたい、という思いから、家具の配置や緑のあしらいを考える。

ダイニング横のスタンド

造り付け収納の上にスタンドを置くこと
は設計段階で決めていたから、天板には
あらかじめコードを通す穴を開け、コン
セントは収納内部に設置してある。現在
のスタンドは、ポール・ヘニングセン生
誕125周年特別仕様としてリリースさ
れた、ルイスポールセン「PH 3/2 テー
ブル」の真鍮メタライズド。ショールー
ムで一目惚れして、結婚記念日にかこつ
けて購入したもの。空間の主役を張る品
格と存在感に、毎日うっとりしている。

縁側のペンダント

縁側に2灯吊るしているのは、ルイスポールセン「トルボー グラスペンダント」。リビングと縁側の照明は調光ができる。このトルボーも光量をしぼると、庭から見たときに「ポツン」とオレンジ色に灯る感じになる。

ダイニングのペンダント

前川國男邸で見たダイニングのペンダントライトがカッコよくて、触発されてゴールドの照明を探した。最終的に選んだのはリサ・ヨハンソン=パッペの「LISA 450」。細かなパンチングからもれる光の粒模様がきれい。

ソファ横のスタンド

「PH 3/2 テーブル」の前はダイニングが定位置だった北欧のヴィンテージランプ。ベースはロイヤルコペンハーゲンの「Baca」というシリーズの陶器製。40年以上も前の製品だから、一度壊れかけたけれど、近所の電気屋さんで修理してもらったら見事復活した。

階段の下のスタンド

玄関ホールの階段下は薄暗く、ここに照明があると何かと重宝する。2灯式のスタンドは新婚時代に目黒のヴィンテージショップで買ったアメリカ製。20〜30代のころ好きだったミッドセンチュリー風デザインが、この家でも使い続けられるのはちょっとうれしい。

玄関ホールのペンダント

デンマークのFOG&MORUP社製ヴィンテージランプ。設計中に照明のプランを練るなかで出会い、けっこう個性的なデザインなのに即決した。デザイナーはJo Hammerborg。コード部分にあしらわれた木はチーク材。

書斎のブラケット

デスク前にDIYで有孔ボードを張り、ブラケットタイプの照明を取り付けている。この2灯式のヴィンテージランプは一人暮らしのころに買ったもの。ゴールドのランプシェードに惹かれる趣味は、変わらないらしい。

リビングのペンダント

空間の引き締め役となるアイテムだから、さ
んざん悩み、迷い、でも最後にこれの現物を
見た瞬間に心が決まった、シンプルなペンダ
ントライト。建築家ヴィルヘルム・ウォラー
トのデザインによる、ルイスポールセンの
「ウォラート」。満月みたいな、でもほんの
ちょっぴり下が欠けているフォルムが、なん
ともいえずにチャーミングだと思う。和風の
空間ともしっくりなじむ、懐の深い照明。

郊外に暮らして

　うちの前の坂を下って、ねぎ畑の間の農道をまっすぐ、1キロあまり行くと、江戸川土手に着く。川を渡ると、そこは東京のはじっこ。都心に出るにはバスと電車を乗り継いで、およそ1時間。

　隣県とはいえ通勤圏内だから、市内には住宅密集地が多く、駅前には新しいマンションもたくさん建っている。そのなかで、うちのまわりは、まるで昭和のまま時が止まったかのような田園風景だ。

　昔ながらの農家が多く、無人の野菜販売所もある。わが家のお気に入りも何か所かあって、ねぎやキャベツ、ほうれんそう、にんじん、かぶ、白菜……小さなキズや形のせいで商品として出荷できなかった旬の野菜が気まぐれに置いてあるなかから、1束100円、束の数をかけ算して、料金箱に小銭をチャリンと入れ、ほくほくと持ち帰る。

　娘はコンビニやスーパーへ行けるようになる前に、この無人販売所で買い物の練習をした。わたしと夫の財布から100円玉をあるだけ集めて、エコバッグと一緒に持たせ、自分が食べたい野菜を買っておいで、と送り出した。それが、わが家の一人娘の「はじめてのおつかい」の思い出だ。

　娘の小学校では、春の田植えと秋の稲刈りが運動会と肩を並べるほどの大イベント。畑作活動にも力を入れていて、収穫祭を盛大に行う。冬のマラソン大会も土手を走る。そんな行事のたびに、子どもたちがゾロゾロと列をなしてうちの前の坂を下りていく。その一群の移動の気配を感じると、わたしと夫は仕事の手を止め、2階の廊下から娘の姿を探し、手を振って列を見送る。

　引っ越してきて3年くらい、わたしはそれまでのファッション編集者の仕事を続けていて、でもこんなにのどかな土地に暮らしながら最先端の流行を伝えることが、なんとなく自然なことではないような、居心地の悪さを感じていた。

　その後、自分の意志で変えたことと、いつのまにかそうなっていったことの両方によって、わたしの仕事は、暮らしや人や、旅などのテーマへとシフトしていった。するとだんだん、居心地の悪さも消えていった。古い家に暮らしが育てられたように、住む場所に生き方と働き方の変化を導かれた、という部分はきっとあるだろう。

　自分の居場所を、都市と田舎に2つ持つ生き方には、とても共感している。出会った家がたまたま「東京に隣接した田舎」だったことで、都会と田舎のどちらにも針が振り切らない、だからこそ、どちらも身近に感じられるこの生活が気に入っているから。

　晴れた日曜日に、空が大きく広がる土手の上に立ったときや、2階の窓から雑木林のシルエット越しにきれいな夕焼けや夜空が見えたときには、なにもここまでの田舎を求めて東京から引っ越してきたわけじゃないんだけどね、と笑ってしまうこともある。

　郊外に育ちながら、いつか都会で暮らして働くことに憧れ、その夢を叶えたあとに、また郊外に戻ってきた。すると、子どものころは考えられなかったくらいに、出身地でもあるここが大好きになっている。

　すべては自分の中で必然として起こったことなのだけど、こうした変化が、わたしの人生をおもしろくしている。それは、たしかだと思う。

1. 江戸川沿いの斜面林が、緑豊かな地域の印象をつくっている。東京から帰ってくる電車のなかから、この緑と川が見えると「ホームに戻ってきた」という実感がわく。
2. 江戸川土手に寝転がって、隣りの葛飾区の花火大会を見るのが毎夏のお楽しみ。
3. 2階から小学生たちの大移動を眺める。

1. 家と川の間に広がる畑。晴れた日にこの農道を自転車で走る気持ちよさったらない。
2. 小学校は2軒隣り。窓を開けると運動会や合唱の練習の様子が聞こえる。
3. 庭から見える、マジックアワーの空。

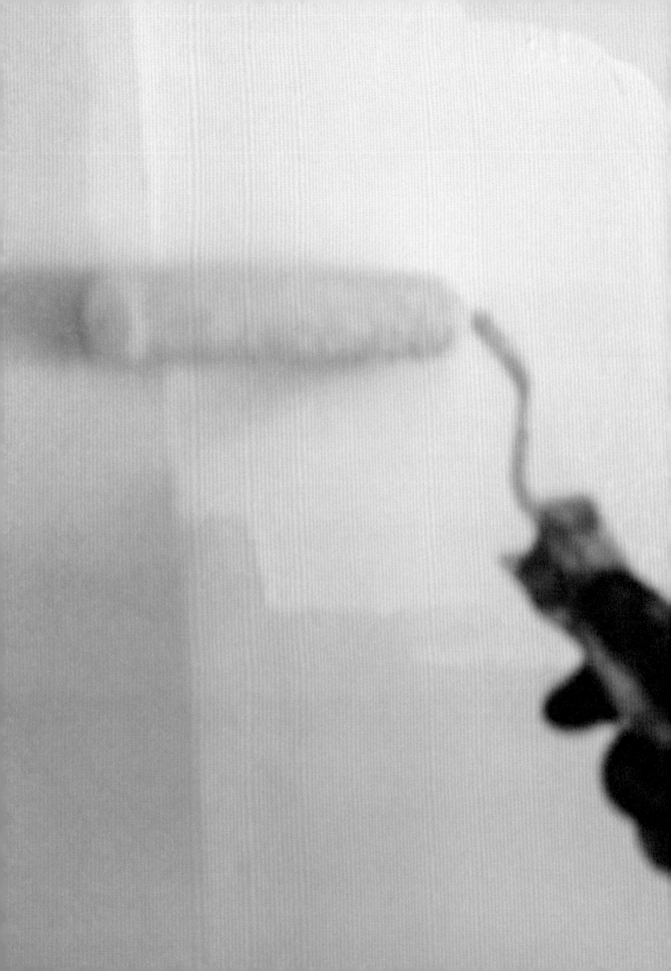

DIYは楽しい

思えば、DIY好きの兆しは20代のころからあった。細長いワンルームマンションに住んで数週間が経ったときだろうか。トイレのドアが右開きなのがちょっと不便に感じ始めた。近所の金物屋でプラスドライバーを買ってきて蝶番のビスを外し、ドアの天地を逆にして左開きにした。ラッチや鍵は使えなくなったけれど、開きが逆になったことで動線がよくなり、玄関やリビングに向けてドアが開かないのも女性の一人暮らしには好都合だった。

部屋のドアをひっくり返すことを一人でやり遂げたこの「プチ改造」は、自分としては模様替えの延長だったけれど、友人、とくに男の人には驚かれたっけ。引っ越しのときは元の開きに戻して、開けたネジ穴も忘れずに埋めてきた。

家具のペイントも好きで、古道具の棚をマンションのベランダで塗り直すことをしょっちゅうやっていた。少し安っぽいものでも白く塗るとかわいく見えたし、自分の手で色を変えたら正式にわたしのもの、という実感があった。

この家の最初のリノベーションの直後、玄関にコート掛けが欲しくて探したけれど、気に入るものがなく、工務店の大工さんに相談したら「端材で板を渡してあげるから、そこにフックを取り付けたら」とアドバイスをくれた。そのときインパクトドライバーを買ったことで、棚の取り付けなどの大工作業がぐっと楽しくなった。

テレビ台を自作したあたりから、DIYの意識が変わってきた。それまでの「商品で探してもなかなか見つからないから自分でつくる」という動機から「まず自分でつくれないか」という視点への変化だ。なぜなら、探す時間と手間、経費も削減できて、満足度も確実とメリットが多いから。もちろん売っているもので満足できるものもあるけれど、見つけるのに時間がかかったり、値が張ったりすることが往々にしてある。

欲しいもののイメージがあり、思い通りのサイズで手に入れたいとき、オーダーメイドではなく、自分の手でつくってみること。それは、お菓子づくりや手芸と同じ、クリエイティブな遊びだ。

なにより、自分でつくったものは愛しい。だからDIYの場所が増えるほど、家は愛しくなっていく。

1. 玄関ホールは砂壁だから釘が打てない。そこに大工さんが鼻歌まじりで板を渡してくれるのを目の前で見たことが、電動工具を使うDIYへの興味のきっかけだった。
2. 欲しいテレビ台が見つからず、つくることにした。図面を描き、ホームセンターで板をカットしてもらい、表面や角にやすりをかけてステインで着色、L字形の棚受けで壁に取り付けるまでを、一人でやった。
3. ベニヤに専用ペンキを塗ったチョークボードは子どもたちの学校ごっこに大人気。
4. トイレや洗面所に奥行きの浅い棚を取り付けると使い勝手がぐんとよくなる。古い窓枠は白く塗れば、全体が明るい印象に。

北向きの台所

間取りは変えずに、システムキッチンだけ入れ替えて
使っている台所。前の家で愛用していたテーブルを置い
たらピタッとおさまり、時間に余裕のない朝は、ここで
ささっと食事を済ませる。元からあった便利な床下収納
には、買い置きの食品や飲料、ゴミ袋やスポンジの予備
などをパントリー代わりに保管している。なかなかクリ
アできない課題が、北向きゆえの薄暗さ。勝手口のドア
を窓付きにする？床材を変える？……あれこれ思案中。

アイデアは本から

美しいキッチンが紹介された本は、アイデアの宝庫。薄暗さ対策の一つとして、壁の一部をイエローに塗ることを思いついたのも、古い洋書で見た黄色のキッチンのかわいさに惹きつけられたから。右のクロニクル・ブックスの「キッチンズ」も、くりかえし眺めている一冊。

開閉できる配膳窓

台所とダイニングを仕切る配膳窓。といっても、ここを料理が行き来することはなくて、窓を開けて台所の閉塞感をなくしたり、散らかった台所をダイニング側からさりげなく目隠ししたり。つくって正解だったと思う。

イエローの壁

塗料専門店・カラーワークスで、上の洋書を見本にしながら、なるべく近い色のペンキを調色してもらった。ペイント作業は、休日に家族3人で。養生からローラーで塗るまで遊び感覚でやったわりに、仕上がりは上々。

日々の器

食器の収納は、カウンターキャビネット
の中に料理を盛りつける皿を、ダイニン
グ側のカウンター収納 (p.112) に取り
皿をしまっている。作家ものや民芸を少
しずつ買い集めた器も、最近はシンプル
な白い器で揃えるのもいいな、と思った
り。そのときどきで微妙に変化する。

調味料入れ

調理台の前の出窓に、オクソーの「ポップコンテナ」が5個。中身は塩、
砂糖、片栗粉、米粉、胡麻。雰囲気でジャム瓶なども試したけれど、使い
やすさとデザインのバランスから、今はこれ以外に浮気は考えていない。

コンロとオーブン

ガスコンロはハーマンの「プラスドゥ」、その下はクセもだんだん把握で
きてきたガスオーブン。毎日使って10年、調子が悪いところも出てきた
けれど、直しながらまだまだ付き合う予定。それくらい気に入っている。

ホーローのシステムキッチン

システムキッチンは、タカラスタンダードの「エマーユ」というモデル。ずいぶん前に取材で訪れた家のレトロな台所のかわいさがずっと記憶にあって、そこのシステムキッチンがまさにこれだった。ホーローは拭けばすぐピカピカになり、キズもつきにくい。難しかったのが色で、ショールームに何度も通い、ホワイトとアイボリーでさんざん迷った。でもどちらがよかったのか今でもわからない。

夫のアトリエ

　2階に上がって廊下のいちばん先。西に向いた細長い部屋が、夫のアトリエだ。

　絵を描く仕事と文章を書く仕事のどちらもしているので、大工さんに造り付けてもらった横長の机を、左半分は絵、右半分は執筆、と分けて使っている。

　その机の背面には、壁に沿って大きな本棚。1階のリビングとは別に、この部屋用のレコードとCDとカセットのプレーヤーも置いてある。わたしは無音で原稿を書けれど、夫はつねに音楽をかけながら仕事をする人なのだ。

　夫婦ともに自宅で仕事をするため、集中したいときは一人で部屋にこもれること。それが可能な間取りが、家探しの大事な条件だった。1階も2階も小ぶりな部屋がいくつも並んでいたこの家はちょうどよくて、しかも各部屋の用途を決めていったら、わたしの部屋は1階の東向き、夫の部屋は2階の西向き、つまりちょうど対角にあり、互いが背を向けて座るような位置関係になった。おかげで、それぞれの締め切りがかぶっているような殺伐とした時期でも、自分の部屋に入って扉を閉めてしまえば、相手を巻き込むことも、巻き込まれることも避けられる。これはとてもありがたいことだと感じている。

　ときどき夫の部屋に入ると、なんだか楽しそうにやっているなぁ、と思う。

　本棚のあちこちでは、子どものころから大好きなトムとジェリーの人形がじゃれあっているし、気分転換に弾くギターやアンプ、旅先で買い集めてきた古いおもちゃや鉛筆削り、鳴らないラジオなんかがちょこまかと並べてあって、レトロな遊園地みたいな世界をつくっている。

　わたしの仕事部屋は台所の隣り、しかもスペースはここの半分しかなく、机だって娘と並んで使っているため、こんなふうに好きなものを飾って世界をつくる、というゆとりと発想が生まれにくい。そもそも、小さなコーナーを飾るセンスは夫のほうが上なのだ。わたしはつい、掃除がしやすいかどうかを考えてしまって、小さなものをこまごまと置くのが苦手だから。

　来客に家を案内すると、窓の外に雑木林、その向こうに田畑、さらに小さなスカイツリーまで見えるこの部屋を、みんながうらやんだり、おもしろがったりする。学生のころに溜まり場にしていた友だちの部屋みたいだ、という人もいる。絵本もいっぱいあるから、娘の同級生が遊びに来たときも「あれ、どこ行った?」と探して、最後にここで見つける、なんてことがよく起こる。

　そして夫と同じくらい、この部屋で居心地よさそうにしているのが娘だ。おしゃべりと歌が好きだから、家にいるのに娘の声が聞こえないなんてめったにないことだけど、それでも「あれ、どこ行った?」というときは、ここで本棚から抜き取った古い漫画やアニメの本を、父親の隣の席で読みふけっていたりする。そこにわたしが急に入っていくと、二人がまるで体育館裏で悪さをしてた不良男子みたいなバツの悪い表情をそろって浮かべるものだから、笑ってしまうのだ。

　いずれ娘が大人になり、育った家のことを思い出すときは、隠れ家みたいな父親の部屋でこっそり過ごした時間と風景も、その記憶のなかに含まれているのだろう。そんな娘が、ちょっとうらやましい気もする。

1. 机は西に向けて置いてある。西日好きを
公言する夫には最高の環境。
2～5. トムとジェリーが、この部屋の中で追
いかけっこをしているみたい。
6. 廊下のいちばん奥だから、ギターの音は
1階までは聞こえてこない。階段を上りきる
あたりでドアから音がもれてきて、「ちょっ
と一息ついてるな」と気配を受け取る。

2階のリノベーションは先送りへ

わたしたちにとってはじめての家づくりとなったこのリノベーションでは、地盤や基礎の補強が最優先、次に1階のリビングダイニングを一新することと、水回りの設備の交換が優先された。そうやっていくと、2階は夫のアトリエとして使う部屋の改修までで予算が尽きてしまい、2つの和室と小さな納戸、予備のトイレや洗面所は、既存の状態のまま使い続けることになった。

もちろん予算を追加すれば、それらの部屋の改装もいっぺんにできたわけだけれど、現実としてそれは難しいことだった。建築家の渡辺さんも「住むのに不便はないのだから、将来お金が用意できたときに直せばいい」と言ってくださり、やりかえた部分7割、やり残した部分3割くらいの感じで、ひとまず完了。そしてそれから9年間を、そのまま暮らした。

縁側をめずらしがられて、雑誌やウェブサイト、テレビの住宅取材も受けたけれど、「やり残した」2階の部屋は、1階の縁側やリビングに比べるともうひとつ絵にならず、わざわざカメラで撮られることはほとんどなかった。

もちろん、取材してもらうために家を建てるわけじゃないから、自分たちが気に入って快適に暮らせていれば、それで十分だ。しかしうちの2階は残念ながらそうはならず、逆に、使いにくいと感じることが年月とともに増えていった。

とはいえ、間取りを変えるほど大がかりな工事をしたいわけでもない。今まであちこちに手を加えてきた、たとえば古い家具を好きな色のペンキで塗り直したり、ここに棚があったらという場所にシンプルな板を渡したり、そんなDIYの延長みたいにして、2階のリノベーションができないだろうか。ふと、そんなふうに思ったことが、わが家の2回目のリノベーションのはじまりだった。

それはやがて、自分たちにとって最良の選択だったと思える結果へと、結びついていく。

木枠の窓

はじめて家の下見に来たとき、まず目に飛び込ん
できたのが、この角度からの縁側の風景だった。
この窓が木枠ではなくアルミサッシだったら、印
象はずいぶん違ったものだったろう。東側にワイ
ド幅2枚、西側に4枚の窓がはめこまれていて、
もちろんこの縁側のために特別につくられたもの
だ。もしどこかが壊れたら、今のバランスは崩れ
てしまう。だから毎日の開け閉めも、なるべくて
いねいに、そして静かに、を心がけている。

ネジ締り錠

窓の施錠は、真鍮のつまみをくりくりっと回すネジ締り錠で。しっかり締めても木枠のゆがみで数ミリのすきまがあり、そこから風が入る。そのせいで、冬の夜や天気が悪い日の縁側は、冷蔵庫みたいな冷え方をする。けれど、晴れた日は長い時間日が差し込んで、ぽかぽかだ。

一本丸太の縁桁

伝統的な日本建築に詳しいわけではないから、縁桁の一本丸太に施主のこだわりがこめられているであろうことも、人からほめられて知った。それでも実際の価値はわからない。けれど木肌と艶はたしかに美しい、と思う。

檜の床

他の部屋の床はさほど高級な材でもないのに、縁側の床だけは檜だった。とはいえ築40年超、日当たりのいい場所だけに、あちこち傷みが出てきた。いずれここを張り替えるときはDIYでやろう、と夫と話している。

欄間や砂壁

障子と天井の間の壁に、通風や採光のために設える開口部が、欄間。この家の欄間は開閉できる横長の障子をはめこんだもの。和紙を張り替える以外は直さずに使っているから、砂壁とともにだんだん年季が入ってきた。

木の雨戸

雨戸も戸袋も木製。育った家もそうだったから、大雨や雪の日、あとは旅行で留守にするときなどに雨戸を開け閉めすると、懐かしい気分になる。古いわりに滑りは悪くなくて、鍵もちゃんとかかるし、まだまだ現役。

古いガラス

斜めから見るとガラスの表面がゆらいで、向こうがかすかにゆがんで見える。木枠とともに特注されたものだろうからくれぐれも割らないように、と最初のリノベーション工事を担当した大工さんから指導があった。娘の友達にもそれを伝え、この10年は無傷を守っている。

雪見障子

障子の下半分にはガラスがはめこまれ、スライド式の障子でそのガラスを見せたり隠したりできる。この雪見障子というものの機能美は、日々の暮らしの中でひしひしと感じている。障子をすべて閉めた部屋（p.38）は、縁側がどんなに寒い日でも暖かく、凛とした美しさもある。けれど外の様子をちょっとのぞきたいとき、光を少し取り入れたいときは、ガラスを出す。するとそこが切り取られた絵のように、室内に明るさをもたらすのだ。

PART 2
10年目のリノベーション

やり残したまま時が経過した2階を
ハーフセルフリノベーションによって
すみずみまで愛しい家に変えるまでの記録。

純和室からミルキーホワイトの
子ども部屋へ → p.90

物置状態の納戸を童心に返れる
図書室に →p.102

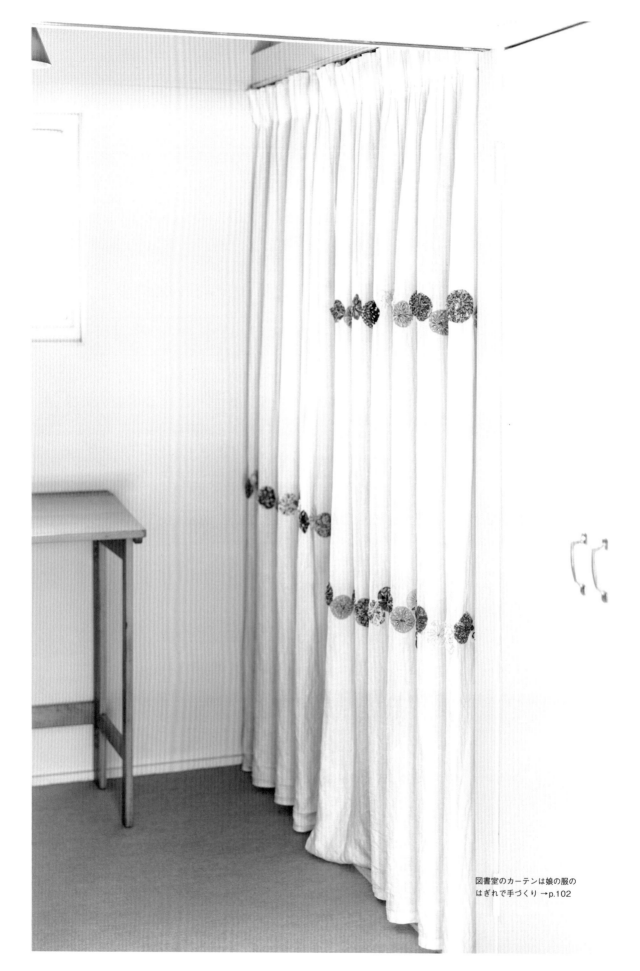

図書室のカーテンは娘の服の
はぎれで手づくり →p.102

薄暗いトイレと洗面所が生まれ
変わった →p.100 、104

古民家旅館をイメージした
寝室 → p.94

スペースを拡張した
トイレ →p.104

タイル貼りや洗面台づくりに
挑戦した洗面所 →p.100

1. 家のすみずみまで愛したいから

　2階の「やり残した」部分のリノベーションに踏み切る決心は、結局9年後に固まった。

　理由としていちばん大きかったのは、リノベーションした部分と、できなかった部分に対して愛着の差が年々開いていくのを感じたこと。

　既存のまま使っているという点では、1階の縁側と障子などの建具類も同じだ。でも気に入ってあえて残したものへの愛着は、年月とともに増していく。

　一方、予算がないという理由でリノベーションしなかった2階の部屋は、何年経っても「暮らすのに不便はない」という域を出ない。2つある和室のうち、1つは夫婦の寝室、もう1つは娘の部屋で、納戸は物置として使ってきたけれど、壁や床や天井の材が好みでないせいなのか、どんなに片付けても、1階みたいに身を置いてじわっとしあわせを感じる部屋にはならない。それどころか、襖のすべりが悪くなったり、障子

紙が破れたりすると修復の手間に苛立ち、自分がこの部屋を大切に思っていない現実に向き合わされる。

　それでも普段は家族しか使わないだけに、家のなかの中途半端な部分をもてあましている事実を、見て見ぬふりをしながらやり過ごしてきた。

　そんなあるとき、娘の部屋の雪見障子のガラスにうっかり物が当たって、ヒビが入ってしまった。さすがにガラスは危ないので、すぐに修理の見積もりをしてもらうと、ガラスの交換に数万円かかると聞いてショックを受ける。その瞬間、先送りにしていたリノベーションのタイミングは今じゃないか、と思った。

　この家とわたしの気持ち、両方の中途半端さの元凶が、この2階にある。だったら、やり残した部分も愛着が持てる空間に変えて、もっと家のすみずみまで大切にしながら暮らしていきたい。それが、家づくり第2章のはじまりだった。

1階のリノベーションは、わたしたちにとってはじめての家づくりの体験であり、ベテランの建築家と工務店に主導してもらったおかげで満足のいくゴールに到達できた。続きとなる2階のリノベーションも、同じ相手に頼むのが妥当かもしれない。

でも結果的にそうしなかったのは、「住みながらの工事」になる今回、せっかくならDIYに挑戦したいと思ったからだ。2階はプライベート空間なのだし、仕上がりが多少素人っぽくても、それはそれでおもしろいのではないか。費用面で安く上がるのはもちろん、自分が作業の現場にいれば、ディテールの好みやこだわりもかなえやすいだろう。

とはいえ、リノベーションのプロを確保しなくては、何から手をつけていいのかさっぱりわからない。今注目されている「施主自ら参加できるハーフセルフリノベーション」を提案する設計事務所や工務店もきっとあるはず……とネットでリサーチを始めると、「わたしたちは、参加型リノベーションを専門とする、市川市の工務店です」というキャッチコピーを掲げた「つみき設計施工社」のサイトに行き着いた。

その工務店のコンセプトと施工事例を見るうちに、家づくり第2章のパートナーを見つけた、という直感があった。さっそくサイト宛にメールを送り、トント

ンと2週間後には顔合わせを行う約束となった。

テンポのいいやりとりに、これまで大きなプロジェクトをともにした相手は、たいてい最初のすべり出しからスムーズだったことが思い浮かび、いい予感に包まれる。おまけに今回のリノベーションはできれば地元の人とやりたいと考えていたら、出向いた先のつみき設計施工社は、我が家から車で20分足らずというご近所だった。工事はそれから数か月後、この家に住んでちょうど10年目の春に、行われることになる。

2. DIYリノベーションの設計打ち合わせ

　つみき設計施工社のメンバーは、京都大学で建築を学んだ同級生夫婦の河野直さんと桃子さん、同窓の夏目奈央子さん、そして20代の若いスタッフたち。つみきさんはリノベーションの設計と施工にくわえてDIYのワークショップも行い、『ともにつくるDIYワー

クショップ』という著書も出版している。

　顔合わせの日は、リノベーションしたい項目を書き込んだ図面や、家の雰囲気と好みを伝える資料として過去に住宅取材を受けた記事なども持参した。

　2回目以降の打ち合わせは毎回わが家で行われ、河野夫妻はその度に手際よく室内を計測していた。床や壁の内部や下地を調べ、建具類を再利用できるか、つくり直すかを見極めたり（わたしは再利用できるものはして、経費も廃材も抑えたいと伝えていた）。

　3回目の打ち合わせには模型をつくって持ってきてくれた。リノベーションで模型を製作してくれるなんて、と感激である。おかげで完成形を立体的にイメージすることができたし、壁や床の木材や塗料も、サンプルを見せながら新鮮な提案をしてくれた。

　家づくりは、決めなくてはいけないことがとにかく多い。木材や仕上げ材、トイレや洗面台の製品選び、

建具のパーツ、コンセントのカバーまで……どれも好みの空間にするために必要な、胸躍る作業のはずが、情報も選択肢も無限に感じて途方に暮れてしまう。すると桃子さんが「『Pinterest（ピンタレスト）』を活用するといいですよ」とアドバイスをくれた。

　Pinterestは、検索ワードを打ち込むと、それに近いイメージ画像をウェブ上から集めてくれる写真共有サイト。たとえば「寝室をモダンな古民家旅館っぽくしたい」と浮かんだら、Pinterestの検索欄に「古民家旅館」と打ち込んでみる。するとパソコンの画面いっぱいに雰囲気のいい古民家や和室、旅館の画像がズラリ。その中から「いいな」と感じた一枚を選んでクリックすると、次の画面では、さっき選んだ一枚に似ている画像や関連する画像が集められて表示され、それを何度か繰り返すうちに、自分が本能的に求めているものがしぼられてくる。PC作業なので、役立ちそうなアイデアや商品情報をどんどん保存しながら、仕事の合間に効率よくプランを練ることができた。

　空間全体のイメージから、造作家具のデザインやペイントの色見本まで、Pinterestで集めた画像をまとめて河野夫妻に渡すと、それに基づいた設計プランを立ててくれた。自分の頭の中のイメージを、言葉ではなくビジュアルで伝えて共有すれば、初めて組む相手

でも認識が食い違うことはない。つくづく今回のリノベーションにはPinterestが大活躍だった。

　また、9年前の成功例にならい、まだ工事に入る前、設計の途中から各部屋の照明選びに動いた。

　2階の完成イメージは昭和っぽさの残るレトロな洋室や和室だったので、そこに合うデザインの照明をPinterestで探し、「石垣商店」というメーカーのサイトにたどりついた。しっかりした通販サイトがあるけれど実物を見たかったので、墨田区の工房に連絡して、下見させてもらってから購入を決めた。

　ベッドサイドの読書用照明は「flame」の「ボネベンド」というモデル。「flame」は、購入前にサンプルを貸し出してくれるサービス（p.149）があり、事前にレンタルして首振りの角度などを確認した上で決めた。つまり、1階はほとんど北欧の照明なのに対し、2階の照明は日本製という結果になったのだった。

　工事が終わって最後に吊るす照明を、最初に購入してスタンバイさせておくと、照明を取り付けるゴールに向かって、迷ったり立ち止まったりせずに進んでいける。それに照明に合わせて木部の色味や取っ手の金具といったディテールも決めやすく、照明を先に決めるやり方は、やっぱり自分に合っているみたいだ。

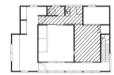

3. いよいよ工事がはじまる

リノベーションの設計プランは、約2か月間かけてつみきさんとメールやミーティングを重ねながら固めていった。工事は3月上旬から、約3か月間の予定でスタート。ちょうど気候が安定している時季で、庭を使った作業もしやすかった。

つみきさんが立ててくれた全体の工事スケジュールは、初日からいきなり施主のDIYをスタートさせるのではなく、最初の2週間で大工さんにリノベーションの下地づくりをしてもらい、3週目からつみきさんと施主が工事を引き継いでDIYで完成させるというもの。部分的に難易度の高い作業や、素人には危険が伴う作業はつみきさんが受け持ってくれる。

工事が始まると、毎朝8時半に大工の忍田孝二さん（つみきさんのパートナー）と、つみきの河野直さんと田中拓人さんがうちに来て、10時、12時、15時に休憩をとりながら作業し、18時に終業する。始業

は普通8時だけど、我が家はスクールゾーン内のため、通学路が落ち着く時間に遅らせてもらった。

忍田さんは2週間で、娘の部屋（6畳の和室）の床を張り替え、襖で仕切られていた8畳の隣室との境界に壁をつくってくれた。同時進行で、つみきの田中さ

1

んが洗面所とトイレと廊下の床張りを進めてくれる。

　専用の水平器を使って現状の床のゆがみや傾きを確認すると、築40年超の木造家屋であるわが家は、やはりあちこちに傾きがあることがわかった。それを最大限水平な床に近づけるべく、根太（ねだ・床の下地材）をカンナで削って1本ずつ太さを調節するという地道な作業が黙々と行われる。その工程をのぞかせてもらいながら、10時と15時にお茶菓子を出し、工事の話を聞かせてもらう毎日。

　工事期間中はリビングに寝ることも覚悟していたけれど、つみきさんの配慮で、2階の2部屋のうちどちらかは寝られる状態にしながら工事を進めてもらえたのはありがたかった。とはいえ、家の中に工事現場があるのは、やはり落ち着かないもの。いつもと違う睡眠環境で疲れがたまってくるし、工事がない日曜日も完全にはくつろげない感じだ。だから最初に立てた工事スケジュールはちゃんと守って、5月末完了を目指したいという意向をつみきさんに伝えた。

　床を張り替えるには、当然、部屋の荷物をすべてどける必要がある。人工道具もたくさん持ち込まれるし、工事をスムーズに行ってもらうためにも、家のなかのモノは少ないほどいい。だから工事前から片付けを進め、納戸の本を古本屋さんに買い取ってもらったり、

IKEAの家具還元サービス（p.149）を利用したりしながら、2階に空間の余裕をつくっていった。

　忍田さんの作業期間の終盤、翌週からのDIYのために、フローリング張りのレクチャーを受けた。忍田さんは自作のプレートを使いながら、大工道具は何をどう使うと便利か、使い方を間違えるとどんな危険があるのかをわかりやすく教えてくれた。

　使い慣れたつもりでいた電動インパクトドライバーも、持つ角度があることや、ビット先端で火傷する危険性などは知らなかったし、それを知らずにDIYに手を出すのは、実はとても怖いことだと知った。

　フローリング張りも、木材の裏にボンドを塗り、板をはめてキリで穴をあけ、ドライバーでビスを打ちこむという工程の一つ一つに、作業が効率よく進み、仕上がりがきれいになるコツやテクニックがある。それをプロが伝授してくれる、ありがたい機会だった。

　そのレクチャーと、忍田さんが先に仕上げてくれたお手本の部屋のおかげで、自分たちで行った隣室のフローリング張りは思ったよりスムーズだったし、少なくとも素人目にはさほど歴然とした差を感じないくらい、きれいに仕上げることができた。

4. 子ども部屋のリノベーション

娘の部屋となる6畳は、もともと壁は砂壁、床は畳、建具は襖と障子という典型的な和室だった。

それをどう変えたいかという希望で、つみきさんにわたしから伝えたのは「昭和のアメリカンハウスみたいな、木部をすべてミルキーホワイトにペイントした

レトロな洋室」。もちろん言葉の説明だけでは思い描くイメージを伝えきれないので、Pinterestで画像を集め、理想の空間像を伝えた。

具体的には、「畳と砂壁の和室から、真っ白の洋室に変身させる」「ただし建具はなるべく再利用」というのが大きな方針と条件。自分で打ち出しておきながら、そう簡単ではないだろうと覚悟していたプロジェクトだったけれど、結果的に、この部屋のリノベーションはすごくうまくいったと満足している。つみきさんが提案してくれたプランは現実的で無理矢理感のないものだったし、「古い和風の家に自然になじむ洋室」という狙いにもちゃんとおさまった。同時に、これから10代という多感な時期を過ごしていく娘の居場所としてふさわしい部屋になったようにも思う。

この部屋のDIY作業は、主にペイントだ。つみきさ

2

んから「ペイントは人手があったほうが早く進むし、楽しいので、お友達はどんどん呼んでください」と言われた。作業日はゴールデンウィークの真っ最中、服が汚れることも想定して、ご近所に住む娘の同級生ファミリー２組に、１日ずつ手伝ってもらうことに。つみきさん側もアルバイトさんを動員して連日２〜３人体制でサポートしてくれたから、連休の間にペイント作業はみるみる進んだ。

　ペイントって、ペンキと刷毛があればすぐできちゃう、というものではなく（もちろん物理的にはできるけれど、きちんとやろうと思ったら）、まず最初に汚したくない部分をシートとテープでぴっちり覆う「養生」という準備工程があり、次に「シーラー塗り」という工程もある。これは、木部にペンキを塗ることで表面に浸み出してきやすい、木材内部のヤニやアクを下地剤を塗って防ぐ作業。しかもそれを２度塗りして、シーラーが乾いてから、ようやくペンキ塗り（こちらも２度塗り）にとりかかれる。乾き待ちの時間もあるため、この６畳と隣室を交互に塗りながら、丸２日間を要した。

3

4

5

6

7

いたため、工事が休みの日に家族3人で取りかかったら、あっという間にできた。

ステインはちょっとめずらしいグレー（p.149）。リノベーションしたばかりなのに、年月が経っているような味わいが出たのは、この床の印象が大きいかもしれない。

この部屋のプランを練るとき、最も悩んだのが、廊下との境界にある4枚の雪見障子の処理だ。

畳がフローリングになって、砂壁の上にベニヤを張って白くペイントされても、障子4枚がそのままあるかぎりは洋室にはならないから。

今ある障子を再利用する前提で部屋を洋風にするには……と、Pinterestで画像検索をするうちに、「障子も白く塗る」「和紙は使わない」という方向性が見えた。さらに障子は4枚から2枚に減らし、両側は壁にする。

障子は、下半分にはめこまれた磨りガラスはそのままに、上半分は和紙をはがして、代わりにポリカーボネートというプラスチック板を貼った。レトロなガラスのような印象もありながら、障子の枠にはめられるほど薄くて軽く、おまけにローコスト。障子を格子部分の各面まで、もれなく白く塗るのは骨の折れる作業だったけれど、そのぶん印象は大きく変化した。

8

手伝ってくれた家族は2組とも、ペイントやDIYの初心者。でも、つみきさんがワークショップ形式で、刷毛やローラーの使い方をレクチャーしてくれたおかげで、初めてとは思えないほどみんなきれいに塗ってくれた。コツがわかれば作業自体は単純だから、途中はずっとおしゃべりしながら手を動かし、子どもたちも仲良く遊びながらお手伝いができて、楽しそうだった。夕方まで作業した後は、そのまま夕飯を食べていってもらうという流れで、友人家族を巻き込んでのペイント作業は楽しく完了した。

床は、オイルステインという木材に染み込むタイプの着色剤を塗った。ステインの塗り方は前もって洗面所やトイレの床を使ってつみきさんに方法を教わって

障子の話でもう一つ喜んでいるのが、この6畳と、
隣室との間に新しくできた壁に小窓を設置したこと。
以前、2部屋を仕切る襖の上に欄間として使われてい
た障子を再利用して、娘の部屋側に1枚、隣室側に1
枚取り付けた。各部屋のトーンに合わせて、娘の部屋
側は白く塗ってポリカーボネートを貼り、隣室側は木
部を濃茶に塗って和紙を貼ってある。

　ずっと襖を開けて続きで使っていた2部屋を、リノ
ベーションによって壁で分断するのは少し勇気のいる
決断だったけれど、この小窓があることで、両者がさ
りげなくつながり合う感じになった。

　夜、そっと開けて「おやすみ」、朝は「おはよう」と
挨拶をし合えるこの小窓を、娘もわたしたちもとても
気に入っている。

9

5. 寝室のリノベーション

　子ども部屋と続きの間で使ってきた8畳を、夫婦の寝室として独立させることにした。

　ここは、砂壁と障子、襖の和室仕様ながら、床だけが入居前からフローリングにリフォームされていた。9年間、ここにずっと布団を敷いて寝ていたのだが、

和と洋どっちつかずな感じが、部屋の印象と使い方を中途半端なものにしていた。

　6畳との境界の襖は建て付けが悪くなっていたため、ここに大工の忍田さんに壁をつくってもらった。ならばこの機会に、壁をヘッドボードがわりにしてベッドを置こうか、と夫婦の意見がまとまる。押し入れにしまえば部屋を広く使える布団は便利だったけれど、これからのライフスタイルを考えると、ここを寝室以外の用途で使うことはないだろうから。

　ベッドを置く前提で、わたしがこの部屋の完成形としてイメージしたのは、古民家を改装したようなモダンな旅館の客室だった。壁は白、木部を濃茶にすれば、新しく購入したレトロな照明にも似合いそう。

　この部屋のリノベーションの具体的な作業は、フローリング材の張り替え、木部の塗装や壁の左官、北

側出入り口の襖を片引きにして半分を壁にすること、またカーテンで目隠ししていた収納（中は布団やわたしの服）に引き戸を取り付けること。

床のフローリング張りと塗装はつみきさんにサポートしていただきながらDIYで行い、技術的に高度な引き戸の製作や北側出入り口の壁の設置については、主につみきさんが引き受けてくれることになった。

まず、床張りに取りかかる。古いフローリングをバールでバリバリとはがし、廃材を運び出す。根太に残った古い釘を抜き、表面のささくれをなめらかにして、根太にビスを打ち増しする。ここまで終えたとき、以前からフローリングで数カ所、踏むと「キュッキュッ」と音鳴りするところがあったのが解消された。

下地が整ったら、いよいよフローリング材を張っていく。フローリングは、最初と最後の一列を張るのに時間と手間がかかる。どんな壁もまっすぐということはまずなく、多少ゆがみがあるため、そのラインに板を沿わせるのが難しいのだ。

墨壺という道具を使って根太に印をつけ、角材を仮打ちして基準線にしながら1列目を貼る。板の継ぎ目がちょうど根太の上に来るようにパターンを決め（割り付けという）、板1枚あたりのカット寸法を算出す

るところまでは、つみきさんがやってくれた。わたしはその寸法に合わせて板を計測し、鉛筆で線を引き（墨付けという）、カットして、床に張っていく。

ちなみにDIYではメジャーや定規で寸法を測り、鉛筆で印をつける場面が頻繁にあるので、ポケットにはつねにメジャーと鉛筆を入れておく。やがてつみきさんを真似て鉛筆を耳に差してみたら、さらに動作がスムーズになった。

板のカットは、危険なイメージのある丸ノコを扱うことに最初は緊張した。でも、パワーが強すぎない初心者向けの製品をつみきさんが用意してくれて、説明に沿って慎重にトライするうち、すぐ慣れたのは自分でも驚いた。知識がないままやると、一歩間違えば大ケガにもつながる危険をはらむDIY。プロから正しいやり方をきちんと指導してもらうことで、作業一つ一つを安全に効率的に、楽しく行える。

カットしたフローリング材は、「サネ」という凸凹部分を組み合わせながら1枚ずつ張っていく。だから板をカットする際は当然サネを切り落としてはいけないし、湿気や乾燥で板が伸縮することを加味して、適度にスペースを空けて張り合わせる必要がある。他にも、きれいに仕上げるためのポイントがいくつもあって、それをうっかり忘れて次の工程に進みそうになっては、つみきさんに教えてもらう、のくり返しだった。

8畳のフローリングを張るのにかかった時間は、半日×4日。終始きつい体勢の作業だから、素人が丸一日やるのは体力的にしんどい。そのため午前から取りかかるのではなく、午後の4時間程度をDIYに充てるようにしていた。夫は締め切り前で余裕がなかったので、基本はわたし一人で（つみきさんについてもらいながら）作業を進め、娘が学校から帰ってくると手伝ってもらった。最初は根太に木工用ボンドを塗る役を頼んでいたのが、最後はインパクトドライバーで穴をあ

け、ビスを打つことまでできるようになり、フローリングの張りじまい（部屋の端のラスト1枚を張る）の瞬間も、二人で協力し合って作業を完了させた。

　フローリング材は1階のリビングと同じカラマツ。素足で触れても温かみがあるところが気に入っていて、今回のリノベーションでは、洗面所やトイレ、廊下まですべてこの材で統一している。

　床張りの次は、塗装に移る。全体を白く塗った子ども部屋と違い、この部屋はペンキ、漆喰、ステインの3種類の塗料をパートごとに塗り分ける。ゴールデンウィーク中、人手がある日に作業したおかげで、ワイワイやっているうちに終わった感じだ。

　当初、ここの壁は全部漆喰で、と考えていたが、建具に囲まれた部屋なので、欄間など狭い面は塗りやすいペンキにして、北側の壁だけを漆喰にすることに。
　天井は壁や柱と同じ茶色のステインを塗るつもりだったが、きれいに染み込まないためペンキに変更。漆喰と差が出ないキリッとした白のペンキで、茶色とのコントラストによって和モダンな雰囲気を出す狙い。壁にステインを塗るのは、友人親子と二手に分かれて半分ずつを競争したら、あっという間だった。
　続いて漆喰塗り。フローリング張りと同様、塗るときは細かなポイントとコツがいくつもあり、たとえばコテのどの位置に漆喰をのせるか、そのコテをどんな角度で動かして壁に塗りつけていくか、力の入れ具合

は……などなど、プロに教わりながらでも難しいけれ
ど、表面のムラも味わいになるため、ライブペインティ
ングの感覚でやったらとてもおもしろかった。
　大きな面の塗装が終わり、<u>障子の枠</u>と<u>床のステイン</u>
<u>塗り</u>は家族でやった。<u>ベッド脇の本棚</u>をつくり、最後
は、つみきさんがつくってくれた<u>ワイド幅の収納の引</u>
<u>き戸</u>を庭から屋根越しに2階へ引き上げて運び入れ、
新しいベッドも同じ方法で搬入（p.149）した。

12

11

13

6. 洗面所のリノベーション

　2階の北側のトイレと洗面化粧台がある場所は、つくりの古さや使い勝手の悪さから、なるべく他人には見られたくないバックヤードだった。洗面台は新しく交換するとしても、ガス乾燥機は梅雨時や天気の悪い日の洗濯に便利に使っているから、このかさばって、

見た目にも美しいとはいえない乾燥機ありきのリノベーションに知恵をしぼらなくてはいけない。

　Pinterestで海外のランドリールームの画像を見ているうちに、「乾燥機を棚に収めて、その天板をアイロンやミシンなどの作業台にする」というアイデアが浮かぶ。もしここで、そうした作業ができるようになったら、いつかほしいと夢に見てきた「家事室」になるのかもしれない。そんな構想をつみきさんに語ると、乾燥機とアイロン台がぴたりとおさまる棚を設計してくれるという。

　洗面台と乾燥機台の設計図が上がってくると、部材のカット寸法は自分で出すことになった。出来上がり寸法から数ミリずつ引いた寸法にしなくてはいけないため、普段あまりやらない細かい数字の計算に、脳がフル回転。なんとかすべての寸法を出し終えたら、次はホームセンターへ移動。つみきさんといっしょに板

を選び、購入して、加工室でのカット指示の書き方を教えてもらう。その図と板を一緒に渡すと、数分後には寸法通りにカットされた木材が戻ってきた。

木材を家に持ち帰ったら、庭で組み立てを開始。床張りでインパクトドライバーを使うのに慣れたから、あっという間に完了した。次は天板にシンクがすっぽりはまるようジグソーで穴を開け、ペイント。

洗面台は、シンクの下に扉付きの収納棚がついたシンプルなつくりなのだけど、扉に蝶番をつけたり、マグネットキャッチをつけたりという細かな作業になかなか骨が折れた。また、棚を壁にくっつけて設置するための「切り欠き」にも挑戦。手ノコで木をカットするためのコツを習い、それは後々も役立っている。

洗面シンクは、超シンプルなデザインが気に入ってTOTOの実験用シンクを選んだ。壁が水で傷むのを防ぐために、蛇口の周りにタイルを貼ることにする。床の色と揃えて薄いグレーを選び、152mm×76mmの長方形タイプをレンガ風に貼っていく。

タイル貼りの作業でも、まずやるのは養生だ。それからタイル用ボンドを壁に塗りつけ、タイルを貼り、隙間に目地材を塗りこむ。蛇口とぶつかる部分のタイルをグラインダーでカットするのは技術的に高度なので、つみきさんにおまかせ。仕上げは、目地材が半乾

きの状態で水を含んだスポンジで拭き取る。

タイルの列は、上に設置する鏡（約20年前に買った北欧のヴィンテージ）とのバランスから、最初は3列にしていたのだけど、鏡を設置するとき、わたしと夫の身長に合わせて図面より少し高い位置に微調整した。すると、タイルが4列でもいいような気がしてきて、後から1列貼り足した。むき出しにならざるを得ない乾燥機の排気ダクトも、インダストリアルな雰囲気のものをつみきさんが探して交換してくれて、ボイラー室みたいでかわいくなった。

家づくりを人に任せきりにしてしまうと、こうしたちょっとだけモヤッとすることを伝えるタイミングを逃してしまって、完成後に気づいても結局目をつぶるしかない、ということになりがち。でも自分がリノベーションの現場にいれば、違和感をその都度伝えて、完成前に調整できる。それもDIYのメリットだ。

以前はユニット洗面台で半分隠れていた窓が全部出て、サッシも壁も天井も白く塗ったら、北向きとは思えないほど明るい空間になった。機能的にも、乾燥機の脇からアイロン台を、洗面台の収納からアイロンを取り出して、ここでアイロンかけができる。夢に描いた家事室が、ちゃんと現実のものとなった。

7. 納戸を図書室に変えるリノベーション

　2階の北東角にある納戸は、わたしにとって最大の「もやもやゾーン」、ずっと悩みのタネだった。

　2畳の板の間に、1畳分の押入れと天袋。わたしと夫の各仕事部屋におさまりきらない本やマンガ、古いアルバムやひな人形などが脈略もなくここに押し込め

られていて、でもほとんどは昔のボードゲームやレトロなおもちゃが大好きな夫の「宝もの」。

　リノベーション前から折に触れて「納戸のモノを減らしてね」と夫に頼んでいて、古本屋さんにも大量に持っていってもらったのに、なかなか減らない。夫をせっつくとすぐ不機嫌になってしまい、そうこうするうちに工事が始まってしまった。とうとう「納戸の整理、まかせてもらっていい? 何か捨てるときはちゃんと確認するから」と申し出ると、「助かる」との返事。やれやれ、最初からそうすればよかった。

　となれば、まずは部屋のコンセプト決めだ。現状の物置状態を脱却するのはもちろん、より具体的なゴールを設定すれば、荷物の取捨選択もしやすい。

　夫がシリーズで揃えているマンガやボードゲームからイメージを膨らませ、ここに壁面本棚をつくり、児童書や絵本ばかりを並べて「子どもに戻れる図書室」

2

3

の、わたしの仕事部屋にそっくりになってびっくり。白のペイントやグレーのカーペット、娘の服をつくった余り布をヨーヨーキルトにして縫い付けたカーテンがその雰囲気を生んだのだろうけれど、好きなものって変わらないんだなぁ、としみじみ思った。

　壁面本棚づくりは、わたしと夫とつみきさん2名、計4人で朝9時から午後3時ごろまでにほぼ完成を目指す。そのために、板材はつみきさんが前もってホームセンターで購入し、カット加工まで済ませてうちに運び込んでくれた。わたしたちも作業日までに墨出しの宿題（縦板に横板を打ちつけるポイントにえんぴつで印をつけておく）をやった。

　作業当日は、河野桃子さんと夏目奈央子さん、小柄な女性2人のキビキビとした仕事ぶりに必死についていきながら、組み立てとビス打ち、ステイン塗装、部屋に運び入れて設置、という工程を次々と進めた。塗料は、夫婦の寝室で使ったダークブラウンのステインがこの部屋には重たく感じ、つみきさんが在庫していた明るめのブラウンを使わせていただいた。

　荷物整理には苦労したものの、それを乗り越えた先には、思い出の詰まった愛しい図書室が待っていた。実は今回のリノベーションで一番驚きと喜びが大きかったのは、この部屋の変化かもしれない。

にするのはどうだろう？　夫に提案すると、パッと目を輝かせて「それ、いい！」。本のタイトルを眺めながら童心に返れるよう、小さな机と椅子も置きたい。

　こうして、押入れと反対側の壁一面にぴったりおさまる棚をつみきさんに設計してもらうことになった。棚板の寸法は自由に設定できるとのことで、しまう本のサイズに合わせて自分たちで数字を出すことに。

　まず、納戸の隣りの6畳の床にマスキングテープで棚の実物大の図面を描き、部屋の四方に児童書や絵本をずらりと置いて、先にわたしが大切にしている本（全体の2割程度）を本棚の枠内に並べた。夫も渋々と選別にとりかかり、本棚になるべく余分な隙間ができないように、似たサイズの本同士を並べながらシミュレーション。こうしてどの本を棚のどの位置に収めるかということまで先に決めて（写真で記録しておいたのが後で役立った）、棚板の奥行きと高さを出し、それを元に図面を詰めてもらった。

　この作業のために本をすべて納戸から運び出したので、流れで壁のペイントもやってしまう。小さな部屋だから、シーラー塗りからペイントまで夫婦だけでできた。色は子ども部屋と同じミルキーホワイトで、窓のサッシまで塗り、床にはグレーのパンチカーペットを敷く。すると、新婚時代に暮らした大好きなあの家

4

5

8. トイレのリノベーション

　2階のトイレは、各部屋からの動線がよく、就寝前や目覚めてすぐトイレに行くときも便利なのだけど、とにかく狭いのが難点だった。

　9年前のリノベーション工事中に大工さんがここのトイレを使ったからと、当時の工務店さんが新品の洗浄機付き便座に変えてくれていた。しかし座ると、膝が前の壁につきそうなほど狭い。だから今回のリノベーションでは、トイレと洗面所の間の壁を動かし、スペースを少し広げることにした。

　リノベーション初日から、つみきの田中さんが壁と床の作業に取りかかってくれた。この機会に便器ごと新しい製品に交換することにしたので、古い便器と洗面台を業者さんに撤去してもらうと、壁をバールで壊し、洗面所側に30cmほど動かした場所に新しい壁をつくっていった。床は、張り替えのためにクッションフロアをはがすと、下からもう一枚、なんとも昭和っぽい柄のクッションフロアが出てきた。リノベーションではよくあることらしい。

　さて、トイレのフローリング張りと壁の新設はつみきさんがやってくれたので、塗装はわたしの仕事。

　2階の北側ゾーンの、古さが魅力になりきれていな

1

い中途半端な雰囲気は、新建材の部分が多いのも一因
だった。自然素材にこだわってつくられた1階の縁側
とくらべると、それがよくわかる。だからトイレと洗
面所に腰壁として貼られた合板も好ましいとはいえな
いのだけど、上半分はいい感じの漆喰壁なので、合板
は張ったまま全体を白くペイントすることにした。

　床は、「洗面所とトイレは白い壁とグレーの床を基
調に」というこちらの希望を受けて、つみきさんが提
案してくれたドイツ製の「クライデツァイト」のシル
バーの塗料(p.149)を塗る。天然の植物油とワック
スが原料なので、塗り広げるとナチュラルなアロマの
香りに包まれる。ペンキと違い、木に染み込みながら
半透明に着色し、塗りあがりはうっすらとグレーが

かった、ヴィンテージ感のある風合いになった。

　床を塗り終えたら、そこにペンキが垂れないように
しっかり養生をする。壁に下地剤のシーラーを塗り、
乾いたら白いペンキを計3度、重ね塗り。

　ペンキはすべて「オールドビレッジ」の「バターミル
クペイント」という水性の自然塗料を使用した。トイ
レと洗面所、8畳の寝室は「Child's Rocker White」と
いうクリーンな白、6畳の子ども部屋と納戸兼図書室
は「Corner Cupboard Yellowish White」というアイボ
リーで、その2色を部屋のテーマによって塗り分けて
いる。

　今回のリノベーションでは、再利用できるものはし
て、なるべく廃材を出さないことをコンセプトに、他
の部屋の引き戸は基本的には再利用したのだけど、ト
イレの引き戸だけはあまりにチープなつくりだったた
め、つみきさんに新しくつくってもらった。

　電気の消し忘れ防止に小窓は絶対必要(1階のトイ
レの反省から学んだこと)だから、6畳の障子で余っ
たポリカーボネートを入れた小窓をつけてもらい、枠
だけダークブラウンのオイルステインで着色した。

　こうしてトイレも完成。トイレットペーパーホル
ダーは、シンプルな真鍮製をネットで探して「フォグ
リネンワーク」のものに(洗面所のタオルハンガーと
同シリーズ。p.149)。白い壁に絵が映えるので、額
入りの夫のイラストと、対面の壁にも大きなポスター
を貼った。

　狭くて動きが制限されるうえ、合板に塗料がのりに
くくて仕上がりは素人っぽくなったけれど、自分で手
を動かした分、愛着は1階のトイレに勝るかもしれな
い。なにより、30cm壁が広がっただけで、「狭い」と
いう感覚と、それとセットだった「予備のトイレ」と
いう雰囲気が消え去ったのがうれしい。

ダイニングテーブルとチェア

テーブルは、パシフィックファニチャーサービスの「MISSION TABLE」をベースに、サイズ、樹種（ナラ材）、引き出しや取っ手のパーツまでオプション指定しながらセミオーダーしたもの。4脚あるダイニングチェアは不揃いで、アーム付きのチェアはデンマークのJ.L. モラー「No.64」。ハイバックタイプはイギリスのアーコール「ゴールドスミスチェア」。定期的にワックスを塗り込むと、天然木のしっとりとした艶が出る。

ダイニングチェア

手前はJ.L.モラー「No.77」。アーム付きの「No.64」とともに、ペーパーコードの座面とチーク材でセミオーダーした現行品。奥は一人暮らしのころに買った一脚で、オランダのPastoe社の1950〜60年代のヴィンテージ。娘のハードな使用にも耐えてくれている、タフな椅子。

台所のスツール

アルテック「スツール60」。バーチ材そのままの色は他の家具と合わないから、ブラックで塗装されたタイプを選んだ。朝食用の椅子としてだけでなく、ソファ横に運んで本や飲み物を置いたり、来客時にも重宝する。

ラウンジチェア

メキシコの野外用チェアとして知られる「アカプルコチェア」。スチールとPVCコードという現代的な素材感ながら、和室との意外な相性のよさを感じている。座り心地抜群で、ここで読書とうたたね、は至福のとき。

革のソファ
キャメル色のレザーソファに的を絞って探すなか出会った、シボネのオリジナル商品。3シーターで横幅はあるけれど、座面の奥行きが深すぎないから、リビングに置いたときの存在感は控えめ。革表面のかさつきやひび割れに気づいたら、レザー用の蜜蝋ワックスで手入れする。

書斎のオフィスチェア
15年以上前、ヴィンテージショップで見つけたデンマーク製のオフィスチェア。緑の張り地が裂けてきて、購入した店で同じ色で張り替えてもらった。事務用品なのに肘掛けが木製、というところが気に入っている。

書斎の本棚
自分のペイント好きのルーツを見るような、書斎の白い棚。古道具屋さんで見つけた食器棚も、商店街の家具屋さんで買った棚も、一人暮らしのころから20年近い付き合い。ペイント作業はマンションのベランダだった。

ロッキングチェア

イギリスのアーコール社の現行モデル「912 chairmakers rocking chair」。雑誌のインテリア特集の仕事で、撮影用商品としてスタジオに運ばれてきたものに一目惚れし、購入を決めてしまった。思いきった買い物だったけれど、この一脚を手に入れたことで、好きなインテリアの方向性が定まった気がしている。これから先も、この椅子が似合わない家や暮らし方はイメージできないような、そんな特別な存在。

家を
つくるもの
06
収納

レコード棚とエアコン収納

プレーヤーやスピーカー、アンプなどのオーディオ機器が並んでいるここは、リビングダイニングにおける夫のテリトリー。リノベーション前は丸窓と障子がある純和風の砂壁だった場所を、壁を玄関側に広げてつくったスペースだ。レコードやDVDがぴったりおさまる寸法の棚は、用途に合わせて造作したもの。上に2枚並んだルーバーの奥にはエアコンが隠れていて(p.31)、その隣りにはクリスマスツリーの大きな箱をしまっている。

横長収納のダイニング側

内側が仕切られていて、ダイニング側とリビング側の両面に扉がついている。ダイニング側はティッシュケースや薬、ネイルグッズ、切手や学校の書類など、テーブルのそばで使う身近なものを分類しながら収めている。

横長収納のリビング側

リビング側の扉を開けると本棚になっている。娘が幼いときは絵本をぎっしり並べていたけれど、今は図書館で借りている本や読みかけの雑誌などの一時保管場所。小さな棚には、たまに家族で遊ぶトランプや百人一首。

縁側の茶箪笥

茶箪笥の中身は、買い置きの電球やアイロン、ワックスや蚊取り線香など、こまごまとした日用品。新婚時代に下北沢の古道具屋さんで買ったものなのに、この家の縁側にもよく似合っていると思う。棚の脇の隙間に、折りたたみ式の椅子が2脚、ちょうど収まるのも好都合だ。

薄型のカウンター収納

ダイニングと台所を仕切る壁に沿って造作した、奥行きの浅いカウンター収納。一番左は取り皿、客用の湯呑み、酒器や花器など。その右の棚にはワイングラスがずらりと並んでいる。右の扉2枚分の中身は、すべてCD。カウンターの上には家族の写真をたくさん飾っている。

縁側の物入れ

縁側端の収納は掃除用具入れとして造作したもの。でも収容力があるので、ダイニングのレコード棚に入りきらない分の逃げ場所になってしまった。他にもアルバム、カメラや三脚、折りたたみテーブルやヨガマットなど。

玄関の靴箱

高齢の夫婦の家だったからか、リノベーション前は下駄箱が1つだった。それではとうてい収まらず、上に増設。家族3人分の靴はここにおさまるだけと決めて、三和土（たたき）には1足も出さないのが、最近の心がけ。

PART 3
他の家のリノベーションが見たい

するすると引き寄せられるようにして知り合った
素敵なリノベーションを実現した家と住人。
ストーリーやこだわったポイントはそれぞれでも
「家が愛しい」という気持ちはみんな同じ

House 1

河野邸

profile
うちの2階のリノベーションを手がけ
てくれた、つみき設計施工社の河野直
さんと桃子さん、6歳と3歳の娘さん
一家の住まい。6年間暮らした賃貸マ
ンションの上階に分譲タイプの物件を
購入し、スタッフや友人とともにDIY
でリノベーション。

Renovation Data
・物件の築年数（購入時）：36年
・居住年数：1年
・間取りと広さ：4LDK 85㎡
・リノベーション設計：本人
・物件購入費：約1400万円
・リノベーション費：約400万円

住みながら、時間をかけて、少しずつ。
リノベーションの利点を実感した家づくり

　もともと同じマンション内の賃貸用の部屋に住んで
いて、大家さんの都合で急に引っ越すことになった河
野家。当初は家を購入するつもりはなく、賃貸物件を
探していたが、上階に手頃な価格で分譲の部屋が売り
に出ていると知り、決断した。
「ここに住んだ数年間で住人同士のよいコミュニティ
が築けていたことと、修繕金の積立などマンションの
管理組合がしっかりしていたこと、またキッチンもお
風呂も直さずにすぐ使える状態の部屋だったことが決
め手でした。リノベーションで金額がかさむのは、水
回り。その負担がないことは大きなメリットで、床や

床はカラマツのフローリング、天井にはツガの羽目板を張った。一枚板の
杉のテーブルは、大工さんに格安で材を譲ってもらい、伝統的な工法を教
わりながらDIYで制作したもの。チェアはACクラフト。

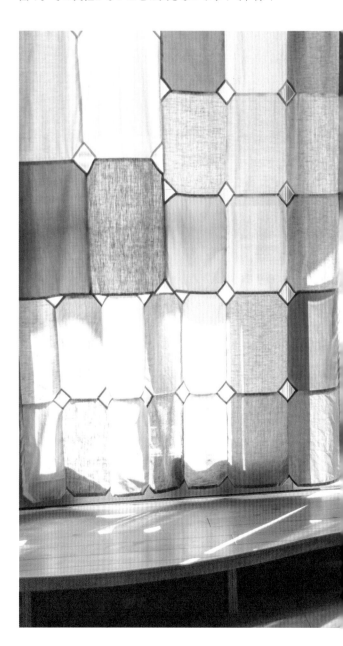

壁は住みながら、いくらでもどのようにも、自分たちの手で変えられますから」

　管理の行き届いたマンションをリーズナブルに購入してリノベーションすれば、いずれ売ることもできる。「大切なのは自由に人生を選択できること」と考える河野夫妻が、予定になかったマンション購入に踏み切れたのは、そんな理由から。引っ越しは業者を頼まず友人たちの手を借りて行い、床や壁のリノベーションもワークショップ形式で大勢で進めたことで、隣人ともっと仲良くなれたのも収穫だった。

「それでも何か月も工事中の状態でした。仕事柄いつでもやれると思うとつい後回しになってしまい、それに自分の家となると大事すぎて、一度にアイデアをまとめられなかったんです。あらためて、住みながら家づくりができるリノベーションはいいな、と実感しましたね。時間をかけたからこそ、完成した今は家が好きでたまらないです」

　そのなかでも家族のいちばんのお気に入りは、カーテン、そして子ども部屋。

「カーテンを個性的なものにすると、部屋を大がかりにいじることなく全体の印象は大きく変えられるのがいいんです。子ども部屋の横長の窓は、リノベーションで最初に出たアイデアでした」

　南向きの窓に吊るされたカーテンと、「家のなかの縁側」としてつくったゆるやかなカーブの小上がり、その脇にある、子ども部屋とつながりあう窓。このコーナーはたしかに、家の自由さと幸福感を象徴しているように見える。

1, 2. 絵本ラックの隣のグレーの扉は、食品の保管に便利な薄型のパントリー。
3. 縁なし畳を敷いた和室のクローゼットは、階下の部屋に住んでいたころに造作。間取りが同じなので壁の寸法にぴったりはまり、引き出しを塗って新鮮な表情に。布のシェードのペンダントライトはflameの「マドレーヌ」。

1. リボンをモチーフに複数の色や形を組み合わせたタイルカーペットは、つみき設計施工社のパートナーで「なつめ縫製所」の夏目奈央子さんがパターンデザインを担当。壁を取り払ったら出てきた電気の配線を金属のパイプに通し、あえて部屋のアクセントにした。
2. この部屋とリビング（p.114）のカーテンも夏目さんの制作で、世界観を印象づける重要なアイテムとして効いている。窓辺の棚はもちろん、椅子や木馬もDIY。
3. IKEAのランプシェードに長女が絵を描いた照明のアイデアもかわいい。

1. 大工さんや海外からのインターン生など、宿泊客のために用意されたゲストルーム。この部屋のヘリンボーン柄カーペットも夏目さんのデザイン。タイルカーペットの材料費は6畳で1万円程度。汚れたら部分的に交換もできるため、子ども部屋や賃貸物件にも最適。リノベーションを希望するクライアントにも提案している。

2. リビングと子ども部屋の間に設けた横長の窓は、ガラスをはめないことでつながりを出した。壁はグリーンをアクセントにツートーンにペイント。

3. ダイニングのペンダントライトは北欧のヴィンテージ。低めに吊るすことでくつろいだ雰囲気が出る。奥の電話台は柱の出っ張りをさりげなく隠す役もしている。

4. 玄関につくったベンチ付きロッカーで、収納や靴の脱ぎ履きをスムーズに。

Renovation Hints

□ 中古マンションは管理組合のしっかり度をチェック

□ 水回りを直さなければリノベーションの総費用を抑えられる

□ 個性的なカーテンは空間全体の雰囲気をつくる力がある

□ タイルカーペットは価格が手頃で作業も簡単だからDIY向き

House 2
松村邸

profile

写真家の松村隆史さん、絵本作家の松村真依子さん、9歳と8歳の娘さんの4人暮らし。豊かな自然が残る東京西部の丘陵地に建つ、3層から成る家。もとの家の佇まいに惚れ込み購入を決めたため、リノベーションはキッチンを中心に最小限で。

1F

B1F

2F

Renovation Data

・物件の築年数（購入時）：33年
・居住年数：3年
・間取りと広さ：3LDK 83㎡
・リノベーション設計（主にキッチン）：
　パシフィックファニチャーサービス
・物件購入費：非公開
・リノベーション費：約600万円

室内にいても外とつながっているような
感覚的な気持ちよさに魅かれた家

　斜面の土地に沿って、1部屋ずつ重なり合うように建てられた家。春はリビングの大きな窓が、目の前の桜の景色を切り取る。この家の特徴は、贅沢な窓だ。「感覚的に気持ちがいい家を、探していた気がします。前の家も風通しがよかったし、わたしは仕事柄、家にいる時間が長いので。ここは大切にされながら時を重ねてきた温度感が心地よくて、ひきこもっている気分になりません」（真依子さん）
　家探しには1年以上かけた。長女の小学校入学までに引っ越したい、という以外は「子育てがしやすい土地で、魅力的な古い家ならどこでも」とニュートラル

な姿勢だったが、だんだんタイムリミットが迫り、焦りはじめたときに出会いが訪れた。

「その前に『ここだ！』と思った家があって、この近所だったんです。でも競争率が高く、結局は縁がなかった。落ち込んだけれど、緑豊かな地域だなと、よい印象は残っていて。この物件は、少し変わった間取りに興味が湧いたものの、それほど期待せずに見に来て、でもリビングに入った瞬間、即決でした」（隆史さん）

建築家が設計した住宅で、広い出窓をふんだんに使った、自然とよりそうようなデザインに一瞬で魅了された。そのため、リノベーションは前の住人の身長に合わせて低めにつくられていたキッチンを、食洗機やガスオーブンを備えたオーダーキッチンに変えた他は、部分的な修繕程度に抑えている。

「リノベーションの過程では口ぐせみたいに『なんでもない感じにしたい』と言っていました。流行やおしゃれさではなく、この家が建ったときからそうであったような、なにげなさ。その感じを言葉にすると『なんでもない』だった」（隆史さん）

夫妻に、この家でのひそかな楽しみをそれぞれ聞いてみた。真依子さんは、「リビングに設置したヴィツゥの本棚の中身を、自分なりにテーマを決めながら並べ替える時間」。隆史さんは「古い家だから、モダンなものを置くと時間的な奥行きが生まれるところ」と答えてくれた。

焦りや落胆を味わった長い家探しの末に、運命の相手を見つけ出した。その喜びが、家の本来の魅力を生かした最小限のリノベーションに表れている。

ナラ材のキッチンを手がけたのはパシフィックファニチャー。ピンクの扉の面材はメラミンで、アメリカのデッドストックのメラミンカラーサンプルを元に、独特のグレーピンクを特注した。動線の中心に置かれた多角形の造り付けテーブルも、キッチンとともに設計担当者から提案されたもの。家にもとから設えてあった家具をイメージした形状は、省スペースで、椅子の配置に方向性がないのが魅力。以前の家から使っている不揃いのダイニングチェアがすべてしっくりとおさまり、家族の団欒にふさわしい親密さを生み出す。床はめずらしいレンガタイルで、内部には旧式ながら温水の床暖房が備えられている。

1, 2. 特徴的なデザインの螺旋階段を上ると、子ども部屋。勉強机は隆史さんのDIYで、友人であるMOBLEY WORKSの鰤岡力也さんに教わりながら制作した。
3. 屋根の傾斜に合わせてつくられた壁面収納は、内部が一つ一つ仕切られている。新たに敷き直したカーペットは、キッチンとさりげなくリンクするローズピンク。

1, 2. リビングから廊下をはさんで反対の棟にある夫婦の寝室。この部屋も、まるで庭とつながるかのようなスケール感のある出窓が印象的。砂壁の上からブルーグレーのペイントをしたことで、モダンな和洋折衷の空間になった。

3. 家事育児をこなしながら創作を行う真依子さんの仕事机は、リビングの一角に。ここも出窓によって実際のスペース以上の広がりと、外とのつながりを感じられる。

4. 隆史さんの仕事部屋は地下で、別玄関になっている。撮影から帰るとまず仕事部屋に荷物を置いてから住居へ上がるため、オンオフの切り替えがしやすいという。

Renovation Hints

☐ 窓が大きいと実際のスペース以上の広さに感じられる

☐ 多角形の造り付けテーブルがあたたかな団欒を生み出す

☐ 家探しはニュートラルな姿勢で、自分の感覚を大切に

☐ なかなか運命の家に出会えなくても焦らず、妥協しない

山本ギビンス邸

profile

フリーライターの山本貴緒さん、本場英国ミートパイの店「スワン&ライオン」オーナーのイアン・ギビンスさん、8歳の娘さんと愛犬2匹で暮らす。東京・中目黒に古家付きの土地を購入し、フィールドガレージの設計でフルリノベーション。

Renovation Data

1F

・物件の築年数（購入時）:
　不詳（約60年）
・居住年数：1年
・間取りと広さ：4LDK 111㎡
・リノベーション設計：
　フィールドガレージ
・物件購入費：約3300万円
・リノベーション費：
　約3000万円

2F

人が集まる明るい家へと変貌を遂げた
住宅密集地のフルリノベーション

　貴緒さんにとって東京・中目黒は、子育てを支え合ってきた仲間がたくさんいる大切な街。家の購入には金額的な覚悟が必要な人気エリアだが、インターネットで家探しをすると、築年数不明の家が建つ土地が3000万円台前半で見つかった。
　「狭いアプローチの奥に家がある旗竿形の土地で、『再建築不可』の物件。つまり相当ボロボロだったその家をリノベーションして住むなら可、という条件だから、プロの意見を聞こうとフィールドガレージの原さん（p.146）にお願いして現場を見てもらいました。『かなり大がかりな工事にはなるけれどできる』という言

葉に決心がつきました」

　フィールドガレージのオフィスも中目黒で、何度も打ち合わせをする相手は近いほうがいいと思ったことと、ウェブサイトに載っていた理念を読み、「地域社会や人間関係、自然環境とのつながりを大切に家をつくる」という価値観に共感した。

「わたしもローカルなつながりを守りたいという思いで家をつくる身だし、どんなに古くても再利用できるものは捨てずに生かす、というフィールドガレージさんのリノベーションスタイルは、古いものが好きなわたしたち夫婦と合いそう、と感じたんです」

　イメージの共有にはPinterestを活用し、古民家テイストにインダストリアルな要素を組み合わせる、夫婦にとって「自分たちらしい」と思えるバランスを探っていった。

「でも最大の課題は家の暗さでした。住宅密集地とはいえ、なるべく明るくしたくて。そのために玄関を吹き抜けにして、部屋数を減らしてでも土間を広くするという提案には『明るくなるならぜひやってみたい』と思いました。結果は大成功で、外から帰って来るたびに家のよさを感じるんです。玄関の扉を開けたときの気分って、こんなに大事なんですね」

　明るさに加えて、天井をふさがず梁や柱を見せ、開放感を出したことも、来客の多いこの家のライフスタイルにぴったりと合った。ゲストが大勢いる日でも窮屈さを感じたことはないそうで、なによりあちこちにハンギングされた観葉植物たちのいきいきとした姿が、この家の「気のよさ」を伝えている。

1. アイランドキッチンの案も出たが、テーブルが散らからず広々と使えるように、シンクや調理台は壁側に設置することにした。グラスを収納したウォールキャビネットは、リノベーション前の家から救出した古い建具に合わせて造作したもの。

2. 炊飯器やトースター、ゴミ箱などはカウンターテーブルの下にすっきりと収納。

3. イアンさんの友人の外国人ゲストが揃ってほめるのが、むきだしの梁や柱。深みのある木の色に家の歴史が感じとれる。カウンターテーブルは幅2100×奥行1040×高さ1050mm。来客の多いパーティーではここに料理を並べると、自然に人が集まってカウンターにもたれ、パブのような雰囲気になる。

1,3. リノベーション前は昼間でも懐中電灯がいるほど暗かった玄関が、これほど明るくなったのは、吹き抜けにして、高い窓からの採光が届くようにした設計の賜物。3.の木枠の窓の内側は、2階の仕事部屋になっている。
2. 前の住居で使っていたりんご箱を積み上げ、壁と固定させてシューズラックに。
4. 大人数の来客でも靴が混み合うことのない、広い土間。角に水場があるのも犬の散歩やグリーンの水やりに便利。

1

1. 仕事部屋。机の前の窓の、その奥に見える窓が、吹き抜けの玄関の明かり取りになっている。机は横長のL字形で、貴緒さんとイアンさんそれぞれのスペースがある。
2. 少女が好きなものをぎゅっとつめこんだような、夢のある子ども部屋。隣りには予備の部屋もあり、泊まり客用のゲストルームとして使っている。
3. 夫婦の寝室。古い木造家屋につきものの寒さには、断熱材やペアガラスで対策している。奥のクローゼットの建具も、リノベーションの過程で救出、再生されたもの。

Renovation Hints
☐ リノベーションのパートナーは価値観の合うプロを選ぶ
☐ イメージの共有はPinterestを使えばスムーズ
☐ よりかかりやすい高めのカウンターは来客時に活躍
☐ 玄関が広くて明るいと家の印象と満足度がアップする

House 4

赤城邸

profile

赤城芳博さんと真樹子さんは、築約40年の賃貸マンション「あかぎハイツ」（千葉県松戸市）の大家さん夫婦。建物内で二人が暮らす部屋のDIYリノベーションをきっかけに、入居者用の部屋も順次リノベーションを行い、満室が続く人気物件となっている。

Renovation Data

・物件の築年数（入居時）：43年
・居住年数：5年
・間取りと広さ：1LDK 48㎡
・リノベーション設計：本人
・物件購入費：（実家のため）0円
・リノベーション費：約600万円

初挑戦のDIYリノベーションで叶えた
キッチン中心の余白が美しい家

「あかぎハイツ」は芳博さんの祖父が建てた賃貸用マンションで、数年前まではその古さを、現在のようにレトロな魅力として生かしきれてはいなかった。
「長年の入居者さんが退去した部屋がずいぶん傷んでいて、ふと、リフォーム業者に外注する従来のやりかたではなく、僕がDIYでリノベーションしてみようかと思い立ったんです。ところが壁や天井を大々的に壊しすぎて、賃貸用の部屋に戻すのが困難な状態に。親から責任をとるように言われ、それまで夫婦で住んでいた別のマンションからここに越して、直しながら住むことになりました」（芳博さん）

1. キッチン端の、寝室と隣り合う壁にも古建具の窓をはめこんでいる。ナチュラルフードインストラクターである真樹子さんは、マンション内のショップ「アトリエ106」で、厳選した調味料や雑貨の販売、不定期の食堂やイベントの開催も行う。
2. どこにいても強烈な存在感を放っている愛猫べーちゃん。とくにお気に入りの場所は、以前は台所だった場所にモルタルを塗ってつくった土間。

かつての間取りは玄関を入ってすぐ横が台所だったが、料理の活動も行う真樹子さんのために、キッチンを主役にゼロからつくり直すことに。自然な素材と調味料を使った料理が得意な真樹子さんが出したリクエストは「古民家みたいな家」。

「マンションだし、あくまで理想のイメージですけど。でも土間をつくったり、業務用キッチンで昔ながらの台所っぽくしたり、古建具を使ったりして雰囲気を出す工夫をしました。キッチンの引き出しや棚もすべて彼のDIYで、中に入れるものに合わせて寸法出しをしたため、とても使いやすいです」(真樹子さん)

もともと芳博さんは機械科の学校を出ている「ものづくり」好き。昔からマンション内のリフォーム現場に立ち会って作業の流れを見ていたこともあり、初めてとはいえ、かなり本格的なDIYリノベーションを自分の手でやり遂げた。

「結果的にこの部屋が実験台となって、今では賃貸用の部屋のリノベーションも僕が手がけています。以前とは違い、古いものが好きな人が『ここに住みたい』と集まってきてくれるマンションになったのがうれしい」(芳博さん)

リノベーション第1弾で、手探りでやった部分があちこちにあるというが、自分でつくったのだから、直すのも自分でできる。模様替えを繰り返し、今では、当初の願い通りに古民家のような静けさと清々しさが漂う、余白の美しい家になった。

1

2

3

1. 間取りは3DKからキッチン中心の1LDK
に大きく変更。廊下とリビングを仕切る引き
戸は建具屋さんにオーダーしたもの。無垢材
の枠に磨りガラスをはめこみ、他の古建具や
床の色に合わせて塗装した。
2. 年代物の古建具は古民家のムードを出す
のに効果的。窓のデザインが洒落たトイレの
ドアは、新木場のひでしな商店で見つけた。
3. インパクトのある洗面所のタイルは、聖
和セラミックスでパターンオーダーし、自分
たちで貼った。シンクはシンプルな実験用を
選び、蛇口はぺーちゃんの入浴用のために最
近シャワータイプに交換。
4. 壁は漆喰を塗り、床はブラックウォルナッ
ト材を張ってオスモカラーで塗装するなど、
自然素材を基本方針に家づくりをした。譲り
受けた古い椅子は、ハンドメイドの白い布で
カバーリング。断捨離でモノを減らしたら掃
除がしやすくなり、持っているものはすべて
使う気持ちよさを感じられるようになった。

トイレ前のコンパクトな手洗いにもセンスが
光る。真樹子さんが理想とする「古めかしく
て、夕方の光が少し差しているような家」の
イメージは、ちゃんとかなえられている。

Renovation Hints

☐ キッチン主役の家なら、位置は特
等席に移動させる
☐ 古民家の雰囲気の演出には古建具
を活用する
☐ 思いきってモノを減らすと部屋も
気分も清々しい
☐ 自分でつくると、直したり変えた
りも自分でできる

小川奈緒（おがわ・なお）

1972年生まれ、千葉県出身。早稲田大学第一文学部文芸専修卒業。出版社勤務、ファッション誌エディターを経て、現在はフリー編集者・ライター・文筆家として執筆活動を行う。内容は主に、家や暮らし、旅のエッセイ、インタビューなど。著書に『メルボルン案内 たとえば、こんな歩きかた』、『心地よさのありか』（ともに小社刊）『家がおしえてくれること』（KADOKAWA）『おしゃれと人生。』（筑摩書房）『こころに残る家族の旅』（京阪神エルマガジン社）。自費出版作品に、夫でイラストレーターの小池高弘との共著『skech 1』『skech 2』。

安彦幸枝（あびこ・さちえ）

1973年生まれ、東京都出身。武蔵野美術大学短期学部卒業。父の営む装幀事務所でアシスタントを務めたのち、写真家泊昭雄氏に師事。得意分野は、旅、料理、犬と猫。現在はフリーランスのフォトグラファーとして、主に書籍や機内誌などで撮影を担当している。著書に『庭猫』(小社刊)『荒汐部屋のすもうねこ』(平凡社)『どこへ行っても犬と猫』(KADOKAWA)。

直しながら住む家

2020年4月13日 初版第1刷発行
2021年5月13日　　第2刷発行

著者　　　小川奈緒
写真　　　安彦幸枝
　　　　　小池高弘（p.82〜87／90〜97／100〜105／150／151）
デザイン　峯崎ノリテル　正能幸介 ((STUDIO))
編集　　　諸隈宏明
発行人　　三芳寛要
発行元　　株式会社パイ インターナショナル
〒170-0005 東京都豊島区南大塚 2-32-4
TEL 03-3944-3981　FAX 03-5395-4830
sales@pie.co.jp
印刷・製本 図書印刷株式会社
© 2020 NAO OGAWA / PIE International
ISBN 978-4-7562-5256-2 C 0077　Printed in Japan

Let's Talk About Renovation

制約の中で最大限、自分らしい家にしたいとき
リノベーションという選択が生きると思う

山本ギビンス邸 (p.130) のリノベーションデザインを手がけたフィールドガレージの原さんに古家の再生を成功に導くコツをインタビュー。

—— あの物件は条件的にやや特殊かと思うので、わかりやすく説明していただけますか？

原　物件の「再建築不可」という条件は、土地を更地にして新築を建てることや増築がNG。つまり、どんなに大規模でも今ある家を修繕して住むならOKです。立地と価格は好条件なので、それを生かすにはリノベーションという道しかない。過去に手がけた中でも一番といえるほどの古さでしたが、生かせるものは生かしたし、新築並みの工事費用も、東京の中目黒で100平米超と考えたら格安でしょう。

—— とくに玄関の明るさと広々感が印象的です。

原　うまくいったと自分でも思います。以前の暗さが信じられない (笑)。あの家に限らず、玄関を広くとる利点は大きいんです。ファミリーならベビーカーや子どもの遊び道具、自転車など、玄関って意外にごちゃつく場所。なのに建売の家の玄関がたいてい狭いのは、◯LDKという部屋数が販売の売り文句になるから。広い玄関は散らかりにくいだけでなく、昔の土間のようにコミュニケーションの場にもなりますから、リノベーションや注文住宅で玄関を広くするのはおすすめですね。

—— 前の玄関が暗かったからこそ、あの気持ちのいい玄関も生まれた。山本さんは「リノベーションだからこそこんなにオリジナルな家がつくれた気がする」と言っていました。

原　100％夢を叶えながら家をつくろうと思ったら、やっぱり新築の注文住宅がベストでしょう。ただコスト的に手が届かない人が多い。そういう中でも自分らしい家と暮らしを手に入れ

旗竿型の土地に建つ、トタン張りで築年数不明の家の構造躯体を残すのが条件だった。

Entrance Before
暗い玄関は居室にすることもできず……

Entrance After
吹き抜けにして明るく広い土間をつくった

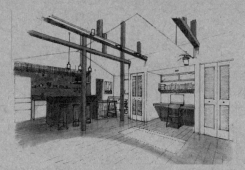

リノベーションデザインの段階で起こしたスケッチ。天井がふさがれていたときはわからなかったが、屋根に勾配のついた、意外にも天井が高い家だった。梁を出したことによってキッチンのある2階の開放感がぐっと増した。

Kitchen & Dining Before
ただ古いだけに見えた柱や梁や建具も……

Kitchen & Dining After
リノベーションによって空間のアクセント役に

原 直樹 Naoki Hara
リノベーションオフィス「フィールドガレージ」代表。マンション、戸建て、店舗やオフィスのリノベーションデザインを中心に、物件探しや購入の段階からの相談にも対応。オーダー家具やオリジナル商品の販売、DIYスタジオの運営も手がけ、「つくる暮らし」をトータルにサポートする。
www.fieldgarage.com

たい、その願いを叶える手段がリノベーションだと思います。あとは、もともと古いものが好きな人にも合う家づくりのかたちですよね。

――山本ギビンス邸のキッチンは古い梁や柱の視覚効果も大きいですね。

原 リノベーションではいつもキッチンを大事に考えます。回遊性のあるつくりにすると、何人かでも作業がしやすくて人が集まりやすいキッチンになるんです。天井を抜いて梁を出すのも、必ず気持ちよくなるとわかっているからついやりたくなる（笑）。天井裏って、ふさいでいても空間としては生きない場所ですから。

――古家のリノベーションに興味を持っている人や挑戦しようと思っている人が、あらかじめ知っておいたほうがいいことはありますか？

原 古い家ならなんでもいいわけではない、ということ。残す価値のある古さを持つ物件なら、リノベーションによってその魅力を生かすことができる。でも家によっては新築にしたほうが安くて合理的なこともあるから、見極めは大事です。もちろん山本ギビンス邸のように、家以外の立地や環境など、複合的な理由で今ある家を使うしかない、というときにもリノベーションは理にかなった選択だと思います。

――リノベーションをプロに依頼する際の心がけは何かありますか？

原 相手に任せきりにしないということですね。いくら相手がプロでも、自分の家であり、住むのも自分です。自分の好みや嫌いなものに向き合い、家づくりのプロセスからしっかり関わることが大事だと思います。僕らとしても、施主がそういう姿勢で臨んでくれたらやる気も出るし、結果的にいい家になる。家って大きな買い物ですから、住むまでの過程を長い時間かけて味わわないと、もったいないですよ。それに後から振り返ったとき宝物に感じるのは、もしかすると家という個体ではなく、そういう時間やストーリーなのかもしれません。

わたしの家のリノベーションのこと

□ 購入時の築年数：34年
□ 居住年数：10年（2010年〜）
□ 構造：木造2階建
□ 間取りと広さ：
　5SDK＋縁側　約141㎡
□ 物件購入費：約2300万円
□ 家族構成：夫婦＋子ども1人

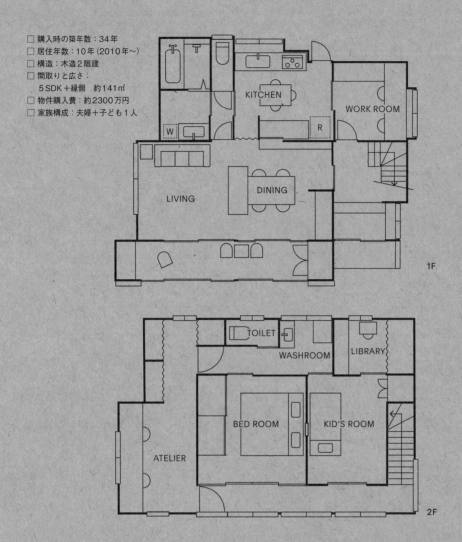

Renovation 01 (2010)

□ 設計期間：約2か月
□ 工事期間：約4か月
□ リノベーション設計：渡辺貞明建築設計事務所
□ リノベーション費（設計料含む）：約1600万円
□ 基礎補強工事費：約200万円

川のそばの高台という土地の性格上、地盤が強
くなく、家の西側部分がやや傾いていた。その
問題を解消するため、家の基礎部分と地下の硬
い地盤を杭でつなぐアンダーピニング工法で水
平に直す工事を行い、想定外の費用がかかった。
しかし竣工から3か月後に東日本大震災が起き
たことを考えると、やっておいてよかったとつ
くづく思う。あの日、2階の壁掛け時計が1個
落ちた以外は何の被害もなかった。

Renovation 02 (2019)

□ 設計期間：約2か月
□ 工事期間：DIYで参加しながら約3か月
□ リノベーション設計：つみき設計施工社
□ リノベーション費（設計料含む）：約210万円

予算200万円から大幅に出ることなく、居室
2部屋と納戸、トイレと洗面所をリノベーショ
ンできたのはリーズナブルではないだろうか。
全体の作業量におけるわたしのDIYリノベー
ションの参加比率は、つみきさんによると「約
半分」とのこと。夫婦ともに会社勤めの場合は、
施主が参加できるのは週末だけ、というケース
も多いそうだ。つみきさんはその家と家庭の状
況によりそって工事のプランを立ててくれる。

ハーフセルフリノベーションで使ったパーツ類

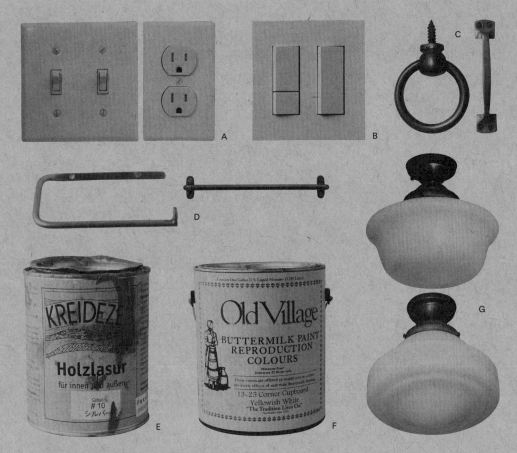

A. 2階に新設したスイッチやコンセントはCOOPER社のアメリカンタイプに。スイッチやコンセントの取り付け位置は家づくりにおいて難しいことの1つだけど、インテリアを邪魔しないデザインなら隠す必要はなく、ここにあってほしいという便利な場所につけることができる。B. 電気工事のついでに、1階の玄関ホールやわたしの仕事部屋など、目立つ位置のスイッチプレートも交換した。玄関の砂壁には「JIMBO」のNKシリーズを選択。C. 取っ手類はつみきさんに勧められた「つむぎ商會」や「ten tin doors」のサイトで探した。子ども部屋と寝室の小窓には輪がぶら下がったタイプを、子ども部屋のクローゼットにはベーシックな形のものを。真鍮の鈍い金色は、洋室にも和室にも合う。D. 洗面所のタオルバーとトイレットペーパーホルダーも真鍮製で、フォグリネンワークのもの。とことんシンプルなデザインだから飽きがこないと思う。E. トイレや洗面所、子ども部屋の床に塗ったのはドイツ製の「クライデツァイト」という天然塗料。色名はシルバーだけど光沢はなく、木目にしみこみながらうっすらとグレーに色づく感じ。F. ペイントは、ホワイトもアイボリーも「オールドビレッジ」の「バターミルクペイント」で統一。工事完了後も小さめサイズを常備し、気になった部分は小筆でタッチアップしている。G. レトロ建築などで見覚えのある照明は墨田区の「石垣商店」で購入。「Cトロ」や「Aトロ」という型名をはじめて知った。寝室の照明は吊り下げではなく天井に直付けすることで、地震の際の不安を減らした。

便利だったサービス

□ flameの照明レンタルサービス

寝室の読書灯に選んだのは兵庫県の照明メーカー「flame」のスタンド。ウェブサイトでレンタルサービスを知り、購入前に利用した。送料とわずかな手数料で1週間ほど借りられ、サイズ感や重さ、首振りの角度などを確かめながら使い心地を試せる。その後はネットで安心して購入できた。
www.flame-product.com

□ 無印良品のベッド

ベッドを無印良品で選んだら、部屋まで搬入できるかどうか事前に配送業者の人が確認に来てくれた。経路を採寸した結果、階段からの搬入は難しいとのこと。結局つみきさんの協力を得て窓から屋根伝いに吊り下げ搬入し、無事に設置できた。配送日に搬入できなくて購入をキャンセル、なんてことにならずに済んだ。

□ IKEAの家具買取りサービス

専用フォームから商品の状態がわかる写真を送り、査定結果が出たら店舗に持ち込む。使用済み家具を引き取ってくれるだけでもありがたいのに、買取り額はプリペイドカードでバック。おかげで組み立て式の大きめのスチールラックが片付いた。

直しながら住むことは
しあわせがずっと続いていくこと

わが家の2度目のリノベーション（p.72_105）のパートナー、つみき設計施工社の河野直さん、桃子さんと、参加型リノベーションについてあらためて感じることを語り合った。

小川　今回わたしが経験した、施主の参加型リノベーションへの注目が高まっていますが、お二人が活動をはじめてからこれまでにどんな変化がありましたか？

桃子　もともと、家づくりというこんなに楽しいことを住む人がやらないのはもったいないし、職人さんが想いを込めて家づくりをする姿を住む人にもっと知ってもらいたいと思ったことがはじまりでした。10年前の起業当時は、DIYというと「木工好きな男性の趣味」というイメージが強く、「施主がやることに何のメリットが？」と首をかしげられることもありましたね。

直　徐々に、女性のDIYの流行や、「買うだけでは他人と同じものしか手に入らない、それでは満足できない」という価値観が生まれるにつれて、僕らの提案も理解されるようになってきました。「自分の手でつくること」が「素敵なこと」という前提で捉えられるようになり、「やってみたかった」と言う方も増えています。

桃子　通常の家づくりの過程では、職人さんと施主さんが現場で顔を合わせる機会が少ないで

すよね。でもプロセスを知らないと、自分の家がどんなつくりなのかもわからない。それでいいのだろうかという疑問も、発足の背景にはあったんです。

入居時が完成形ではないことの自由さ

小川　わたしも初回のリノベーションはあまり現場を見られなかったから、今回自分が現場に立ち、細かなことを相談しながら決められたのはすごくよかったです。家の「好き度」に、ディテールって実は大きく関わると思っていて、たとえば洗面所のタイルを予定より1列増やしたり（p.101）、納戸の本棚の塗装の色をその場で変更（p.103）できたことも、トータルの満足度につながっている気がしていて。

桃子　小川さんの場合は、自分が好きなものや、こうしたいというイメージがかなり明確で具体的でしたね。わたしたちにとって新鮮なアイデアもたくさんあって。

直　最初からこれほどはっきりわかっている人もめずらしい（笑）。でも最近はPinterestによって「好きなもののタネ」が以前より見つかりやすくなりました。

小川　Pinterestは本当に素晴らしいですよね！最初はぼんやりしていた「こんな感じが好き」

という輪郭が、しだいにくっきりしてきて、目に見える答えにたどりつける。それとうちの場合、時間をおいて2段階に分けてリノベーションしたことも結果的によかった気がします。家って、住みはじめてわかることも多いから。

直 部分リノベって、予算的な事情でという場合も多いけれど、時間をかけて家づくりを進められるのはリノベーションの醍醐味です。昔の価値観では「すでによいと評価されているものを、お金を払って手に入れることがしあわせ」とされていたかもしれない。でもそういう家は入居する時すでに完成形ですよね。一方で、住みながらリノベーションを積み重ねていくことは、今よりもっといい状態にしたいとイメージを描いたり、あれこれ工夫したりする時間が続いていく。その過程には自由がある。自由があることって、しあわせですよね。この本の『直しながら住む家』というタイトルは、その自由さとしあわせをまさに言い表していると思う。

家を深く知ると愛着も増す

桃子 わたしたちがリノベーションの大きな魅力として伝えているのは、実際に家を使う人が自分の手でつくることによって、家の深い部分を知れたり、より愛着を感じられたりすること。結果的に費用が安く上がることも事実だけど、それを一番のモチベーションにする人とは、大

事な部分で価値観を共有できないこともあります。やっぱり安い材料や雑なつくり方では、仕上がりもそれなりになってしまうから。

小川 たしかに安上がりという動機だけでは、体力的にはハードだし、DIYの真の楽しさに気づけないかも。わたしのDIYの割合は全体の半分程度でしたが、関わり方は調整できるし、プロにお任せする部分があったのも心強かった。

直 そういう自由度の高さもハーフセルフリノベーションの利点。僕は自宅 (p.114) のリノベーションを通じて「自分の家が好き、と心から思える状態ってなんてしあわせなんだろう」と学びました。人間には適応能力があるから、どんな環境にも慣れてしまえる。でもリノベーションによって家が大好きな空間になり、そこで暮らしを営めるのはこんなにもしあわせなことなのかと毎日感動しているんです（笑）。

小川 「直す」って「今よりもっとよくする」ということ。自分の手でやれば、それ自体がしあわせな時間だし、ここを直したら、あっちも、こっちも変えられそうな気がしてくるのも、リノベーションの楽しいところですよね。うちもまだ完成形だと思っていないし、この先も自分の手で家をつくっていきたいという気持ちがますます強くなったので、これからもつみきさんのお世話になりそうです。